徐博年，周雲煒——著

天的我，你高攀不起

馬雲
Jack Ma

抱夢想，不畏騙子、瘋子、狂人稱號，
用網路顛覆中國經濟，創造出阿里巴巴帝國

皆知馬雲，阿里巴巴集團、淘寶、支付寶的創始人⋯⋯
不知道的是，除了這些頭銜，馬雲更是一位說故事高手。
帶你走進他的故事，看一部創業、領導和夢想的史詩！

對手優劣勢，鱷魚和鯊魚打擂臺，鹿死誰手？
的機遇不期而至，看見十隻兔子，你抓哪一隻？
競爭就像百米賽跑，參賽者之間只有在競爭關係？

目錄

目錄

第五章　成功與否，就在一念之間

第六章　頭腦理性，穿透浮雲駕馭自己

目錄

目錄

第十二章　凝聚力量，企業才能經歷風雨

序

　　奮鬥之路，需要汗水和淚水的灌溉，奮鬥不一定會獲得成功，因為成功不是偶然的。

　　在浮躁的社會，年輕人的心也跟著浮躁，很難腳踏實地，每天都想著一步登天，但是好吃懶做，不願意付出努力。試問，付出都可能不會有收獲，那麼沒有付出，怎會收獲成功呢？上天對於我們每個人都是平等的，對於沒奮鬥的人，上天不會將成功的機會給他，即使給了，沒有踏實的心和堅韌的意志去奮鬥，也只能讓機會從指間溜走。

　　馬雲創業始於 1990 年，從一無所有開始，一直到十年之後在商場之中建立起自己的商業帝國，成為中國網際網路行業的領導人物。

　　很多人敬佩馬雲，不是因為馬雲那讓人瞠目的身價，而是他能夠在十年間憑藉個人智慧取得如此大的成就，他就像是個不知疲憊的攀岩者，翻過了一個又一個山頭。

　　在馬雲的身上，我們看不到任何虛榮，他似乎不怕自己沒面子，對於自己過去的失敗，他非常坦然地評論著，就好像在訴說別人的故事。他沒有架子，也從未誇大自己所做的事情，臺上臺下，馬雲都是一個樣，我們看到的不是包裝過的馬雲，也很難想像出什麼樣的人能夠讓眼前這個滿是自信的企業家感到自卑。

　　馬雲始終那樣清醒，他從未失去過自我。馬雲曾經預言：「網際網路將由『網民』和『網友』時代進入『網商』時代。」他曾經說過，阿里巴巴的使命就是將網際網路帶入網商時代，馬雲要在中國，乃至世界開闢新的網商時代。

　　馬雲的創業歷程中經歷很多挫折，剛剛建立「中國黃頁」的時候，有人說他是騙子；在他喊出「做全中國最好的企業」時，有人說他是瘋子；等到

序

他說想要創辦出世界級大公司的時候，有人說他是狂人……他遭受的非議太多了。

但是現在，我們看到的是：他是第一位登上《富比士》雜誌（Forbes）封面的中國企業家；他的阿里巴巴確實成為了中國電子商務第一品牌；他和比爾蓋茲（Bill Gates）、柯林頓（William Jefferson Clinton）、布萊爾（Tony Blair）成了朋友。

這些年，馬雲備受關注，而他的創業之路也是人們茶餘飯後談論的焦點。他是阿里巴巴集團、淘寶網、支付寶的創始人，為我們的購物生活、消費方式帶來了便捷，很多人對馬雲的了解僅僅停留在他的輝煌之上，不知馬雲不為人知的一面，他創業上的艱辛、屢經挫折，以及如何面對波折。

這本勵志之作，主要從馬雲在創業之路上的堅韌和踏實論述，其中又分為夢想、熱情、競爭、自信、理性、果敢等 13 個成功關鍵，透過閱讀，讀者可以從中獲得激勵和感悟，從而堅定自己的夢想。

第一章
懷抱熱情，為奮鬥提供正能量

欲望越大，越靠近成功

一個人，如果志氣不高，沒有遠大的目標，沒有設計過屬於自己的藍圖，那這樣的人就不會創造出什麼奇蹟來。一個心中有欲望的人，即使他一無所有，也會在強烈的欲望驅使下獲得成功！

佛曰：「無妄念。」世人應如此，無欲念。因此，現在有很多人，每日不工作，或是工作的時候懶散、三心二意，美其名曰：「無妄念。」實則為虛度光陰的做法，讓自己的生活愈加無趣，基本的生活得不到保障，這些人註定與成功無緣。

其實，欲望與成功是成正比的，因為很多時候，一個人能否成功的決定因素並非這個人的才華、家境，或是這個人口才有多好，而是這個內心深處的欲望有多大，那種想要成為成功者的欲望有多強烈，取得成功的機率就有多大。

實際上，失敗與成功之間的距離非常近的，近到一念之間。欲望能夠將人的力量發揮至極致，甚至可以說能逼迫一個人排除障礙取得成功。

1995 年時，馬雲來到了洛杉磯，以翻譯的身分商談高速公路投資計畫，卻沒有任何成績。之後，馬雲到西雅圖找自己的朋友比爾，比爾帶著馬雲參觀了第一個 ISP（網際網路連線服務公司，Internet Service Provider）公司，就是這個偶然的機會，讓馬雲感受到了網際網路的神奇之處。

從西雅圖回來之後，馬雲召集 24 位好友到家中，他們都是馬雲教書時結識的外貿人士。馬雲告訴他們自己要辭職，同時向他們宣講了兩個小時 Internet，他自己對這個概念還處於模糊的狀態，在場的只有一個人支持他的計畫。

但馬雲的心中，仍舊被強烈的欲望充斥著，在 1995 年 3 月分的時候，馬雲真的走到校長辦公室，遞交了辭職信，雖然校長百般挽留，可馬雲卻因為心中記掛著 Internet，毅然決然告別了教師生涯。

之後，馬雲拿出了自己的六萬新臺幣，負債四萬多新臺幣，一共湊了 10 萬新臺幣，在 1995 年 4 月時與自己的妻子、朋友開始了艱辛的創業之路。

當時很多人都還不知道網際網路是什麼東西，楊致遠才剛建立雅虎，中國科學院也剛開通網際網路，就在眾人皆看不到網際網路前景的情況下，馬雲在內心欲望的推動下一步步走了過來，不畏創業道路上的艱辛。

馬丁‧路德‧金（Martin Luther King）曾經說過：「世界上所做的每一件事都是抱著希望才能成功的。」沒錯，成功的原動力就是欲望。事實證明，一個人有多大的雄心，就會有多強烈的欲望，目標就會越來越接近你。這就好比拉弓，拉的越滿，箭才能射得越遠。」

隨時保持熱情，才能擁抱成功

對於大多數創業者而言，只要有創業熱情，就有可能擁抱成功。這是創業的必要條件，也是首要條件。有熱情，在創業的過程中，你的精神飽滿，你的動力才能十足。

我們知道，在生活中做一件事情時，若是沒有熱情，事情完成的機率就會大打折扣，而在創業的過程中，沒有熱情，就只能擁抱失敗。

有一則寓言故事：在一個幽靜的山谷中，有兩塊石頭，它們每天的生活都很悠閒，和花草嬉戲，為小鳥伴舞。然而有一天，第一塊石頭對另一塊石頭說：「我們一起下山吧，經歷不一樣的世界，若是能拼搏一下，這一生也就沒有遺憾了！」

第二塊石頭很不屑說：「為什麼要去自討苦吃呢？我們現在身處高位，生活那麼自在，為什麼不享受生活，而去自找麻煩呢？而且這樣的選擇可能會導致粉身碎骨！」

從這句話中，第一塊石頭知道了第二塊石頭對生活的熱情已經消磨殆盡了，根本不想去經歷新鮮的事情了，於是就選擇了自己從山上滾下。一路上，它歷盡艱難困苦，但始終選擇前進。

第二塊石頭依然在山谷中過著清閒的生活，享受著陽光和花草的擁簇。每次當它想起第一塊石頭現在可能渾身是傷時，就會感覺第一塊石頭很傻，而自己很聰明。

但是，超乎第二塊石頭的想像，經過了多年的磨難，第一塊石頭居然變成了一款價格昂貴的藝術品，不僅永遠存留在世上，還「躺」在溫暖的展廳中被人們所讚美。當第二塊石頭得知此事後，很羨慕第一塊石頭，很後悔自己最初沒有與第一塊石頭一起經歷磨難，現在也想和第一塊石頭一樣，但當想到要變成那樣需要經歷那麼多痛苦磨難時，它又放棄了。

直到有一天，上天捉弄了第二塊石頭。人們為了保護那塊藝術品，決定為其修建輝煌的博物館，而這需要大量的石頭。就這樣，第二塊石頭就被粉碎了。

透過這個故事，我們看到了來自同一地方，兩種不同命運的石頭。事實上，人們的結局和這兩塊石頭是相似的。那些想要擺脫平庸的創業者和第一塊石頭十分相似，他們對自己的事業充滿熱情，並在熱情的推動下，克服困難，不斷前進。

不論是學習，還是戀愛、工作，我們都不能缺少熱情，因為沒有熱情，就沒有前進的動力，這樣想做成什麼事情，都是不可能的。

2004 年，馬雲在會議上這樣詮釋熱情：「電子商務是一個新的領域，我們需要做的是永遠做你所熱愛的事情，做電子商務不簡單，今天有這麼多人在場，我很高興……」

透過馬雲的這段話，我們可以看出，馬雲是一個很有熱情的創業者，而他的經歷也能證明這一點。

1994 年，馬雲初次聽聞網際網路。那時，在他工作的地方有一個外國教師，是美國西雅圖人，他來到杭州後，和馬雲大談網際網路。

雖然馬雲並不知道網際網路具體是什麼，但是聽完這位外國教師的熱情言論後，他感到全身都很興奮，十分激動，甚至比這位外國教師還要激動。

從那一刻開始，在馬雲的腦海裡便出現了接觸網際網路的想法。

1995 年，由於工作原因，馬雲去了美國。在那裡，他想起了那個外國教師以前提過的網際網路，想起那時自己非常激動，所以就去找這位外國教師的女婿，透過此人，馬雲第一次接觸到了網際網路。他看到自己經營的翻譯社有了自己的網頁後，更是非常激動，馬上決定要將網際網路帶到中國。

當馬雲回到家鄉後，就創辦了中國第一家網際網路商業網站 —— 中國黃頁。因為馬雲對網際網路一點都不了解，所以在創業的路上，他面臨著各種磨難和坎坷，但是他一直都沒有放棄，而是充滿熱情，持續前進，最後建立阿里巴巴。

從馬雲的經歷中，我們可以看到熱情對於創業者而言是何等重要。若是馬雲在聽到外教談論網際網路時沒有任何反應，他來到美國後就不會急於接觸網際網路，更不會創立今天的阿里巴巴。我們可以說如果沒有熱情，馬雲的事業就不可能成功。

決定創業的人，一定要注意，我們首先應該對自己的事業充滿熱情，並將這種熱情持續下去，我們才有可能擁抱成功。

誰的熱情持久，誰才是最大的贏家

在創業的時候，不管遇到多少困難，只要有熱情在，就會產生源源不斷的動力，推動你去攻克一個又一個困難。

每當我們遇到一件自己感興趣的事情時，都會產生熱情。這種熱動隨處可見，但是大多只出現一瞬間或者時間很短，難見的是持久的熱情。

阿爾伯特·史懷哲（Albert Schweitzer）在知名的《創業宣言》中這樣寫道：「我怎會甘於庸碌，打破常規的束縛是我神聖的權利，只要我能做到。賜予我機會和挑戰吧，安穩與舒適並不使我心往神馳……我渴望遭遇驚濤駭浪，去實現我的夢想，歷經千難萬險……舒適的生活，怎能讓我出賣自由，憐憫的施捨更買不走人的尊嚴。我已學會，獨立思考，自由行動，面對這個

世界，我要大聲宣布，這，是我的傑作。」

　　相信大部分人在讀完這段話後，都會感受到文字中激動的情感，實際上，我們所產生的這種激動就是熱情。但熱情也不是全都一樣，有一種熱情只能短暫維持，而另一種熱情則是會伴隨著人的一生。若是你想要創業，所需要的就是前一種熱情；若是你想要創業成功，所需要的就是後一種熱情。

　　在馬雲看來，對於創業者而言，不夠持久的熱情沒有任何價值，只有持續不斷的熱情才可以賺到錢。沒錯，創業是一個非常漫長的過程，在這期間的每件事情都需要自己親自去做，很多細節都要能想到，若是創業的熱情稍縱即逝，就不太可能成功。

　　馬雲有今天的成就，與他有著持久的熱情是分不開的。在 1994 年，馬雲放棄了自己之前的工作，創立了「中國黃頁」。在 1997 年，馬雲又做出了重要決定，放棄「中國黃頁」，在北京國際經貿部進行工作。在這之後的兩年左右，馬雲又改行了，他重新回到浙江，決定創立阿里巴巴。雖然在最初創立阿里巴巴的時候，馬雲只有 18 個員工和 50 萬新臺幣的資金，但是他的心中一直都存有熱情。馬雲的工作換了不少，工作的地點也折騰了好多次，可見，在他的創業歷程之中存在著多少困難。雖然這樣，但是他一直飽含熱情，用耐心一點點克服困難，最後他真的成功了。現在我們可以透過看馬雲的故事，來感受到他是如何保持持續不斷的熱情的。

　　一次，馬雲去瀋陽，有一位客戶自己開了兩個小時的車來到這裡與他碰面。當他看到馬雲時，脫口而出的話就是：「我的生意都是阿里巴巴帶來的。」

　　馬雲聽見他說到自己的公司，於是高興地說：「那我去參觀一下你的廠房吧！」後來，馬雲就跟隨這位客戶來到了廠房，這間廠房之前是一個公營企業使用的。馬雲在進去後，看到員工正在工作。

　　馬雲好奇地走向一位阿姨，問她：「您每個月有多少薪水？」

　　阿姨回答說：「一萬新臺幣。」

　　馬雲本來想說薪水太低了，但是被這位阿姨搶話了，說：「一個月能拿到一萬已經很不錯了，家中的女兒還在讀書，全家人不能沒有錢。剛開始，我的薪水只有八千，現在已經有一萬了。老闆說了，要是能勤勞點，薪水就有可能漲到一萬五。」

　　馬雲在聽完這位阿姨的話後，意識到了自己的責任有多麼沉重。若是阿里巴巴倒閉了，幾十萬家企業也會相繼倒閉，這樣一來，很多人會失去工作，從而降低家庭的生活品質。

　　經過這件事，馬雲心中的熱情點燃得更加旺盛了。在回到浙江後，他更加辛苦投入到工作之中去。經過他的努力，阿里巴巴在上市後，一下子變成了中國最高市值的網際網路公司。

　　透過上面的故事，我們可以知道馬雲之所以能夠讓熱情一直燃燒下去，是因為他有著極其強烈的使命感，這使得他不得不用持久的熱情經營好自己的公司。沒錯，當你在做一件事情時，可能在最初是被動的，但是後來從心中認同，將其看作使命，在使命感的驅使下，你會產生源源不斷的動力，這樣，你做事情的熱情就出現了。

　　看看經常出現在電視中的成功人士，他們對自己的事業無一不有持久的熱情，因為有熱情的存在，創業者的潛在能力能夠被激發出來，堅定創業者最初的夢想。

　　實際上，在創業的時候，可能會遭遇到很多艱難險阻，而你是否能去攻克這些問題，主要在於你是否有熱情。此外，有熱情在，你還能更加專心投入到工作之中，這樣離你的夢想就越來越近了。

追尋理想的路上，少不了熱情作動力

> 成功者與其他人有一個最明顯的區別，那就是成功者無論何時都能保持向上的心態，並帶著熱情去工作。

　　一個人如果連熱情都沒有，那麼他就不會有勇氣去做事，更不會有機會

成事。人生是需要熱情的，成功的過程更需要熱情，它是主宰、激勵人的力量。真正的熱情應該是對生活的熱愛和對事業的追求，只有將熱情灌注其中，才能夠成為行動的動力，進而演繹出屬於自己的精彩人生。

馬雲就是個非常有熱情的人，看到過馬雲的人幾乎都能夠被他身上的那種無窮的力量感染。實際上，馬雲也是因為熱情才獲得動力的。

正是因為馬雲有熱情，才勇敢地與 6 年的教師生涯揮手道別，投身商海之中；正是因為熱情，阿里巴巴才能在不被外界認可的情況下成為「全球網站前十名」的名單之中。

之後，馬雲又稱：「我們要做一家102年的公司要進入全球網站前三名。」馬雲的口頭禪是：「只有你想不到的，沒有馬雲做不到的。」這句話看似狂妄，可未嘗不是能夠激發人正能量的方法。

馬雲就好像是個渾身充滿正能量的人，他能夠用自己的熱情感染周圍的人，無論是在演講的過程中，還是在經商的過程中，他總能夠讓自己和周圍的人熱血澎湃，讓周圍的觀眾統統被感染。

有人曾經這樣形容過馬雲：「他就像是一劑毒藥，把所有的不可能都變成了可能。」如今被定格為阿里巴巴創始人的蔡崇信，當初只是到阿里巴巴探討投資可能性，卻沒想到被馬雲的熱情和思想所折服，放棄了國外 75 萬美元年薪。剛剛加盟阿里巴巴的時候，蔡崇信僅領取 2 萬新臺幣的薪水，蔡崇信放棄高薪投身阿里巴巴的做法，在當時把馬雲也嚇了一跳。當然蔡崇信給阿里巴巴帶來的不僅僅是熱情和視野，更多的是人脈。

為什麼世界頂級人才湧向馬雲呢？要知道，只有吸引人才才能做成事業。馬雲對阿里巴巴的宏偉設想，對於任何人來說都是難以抵擋的誘惑，馬雲的熱情讓他做到了這一點。

馬雲有熱情，並且能夠將這種熱情的氣氛散播在自己的團隊之中，使得自己處於事業低潮的時候沒有核心人物離開自己，正是熱情使得阿里巴巴屹立不倒。

　　熱情總是和夢想相伴，馬雲將自己的熱情融入到阿里巴巴之中。現在很多的年輕人，雖然有熱情，但熱情來的快去的也快，熱情不是前一秒鐘有，後一秒鐘就可以沒有的東西，它應該是個持續的過程，堅持不懈的熱情才有價值。

　　在馬雲看來，專案、客戶可以失去，但不能喪失追求。實際上，這就是熱情的展現，失敗之後又重新來過的勇氣就是熱情，它是一種難能可貴的品格。

　　熱情能夠讓人保持高度自覺性，將內心渴望的事情做完，這種堅強的情緒是對人、事、物的強烈感情，可以戰勝周圍的一切。只要擁有堅持不懈的追求，就能夠實現自己制定的目標。

　　對自己充滿信心，對事業就會充滿抱負、理想，所以工作之中應該時刻保持愉快的心情和豁達的胸懷，只有這樣，才能將成功的機率提升至最大。

你的團隊，同樣需要熱情

> 只有每位員工都有著飽滿的熱情，企業才有動力，在這種動力的推動下，
> 員工們就會時刻警惕著觀察市場，從而抓住商機，為企業創造價值。

　　在商場之中，若是領導的手下沒有精幹的團隊，無法將企業帶向輝煌，因為僅憑你一人的力量，無法應對來自各方的競爭，那又如何讓你的團隊變得精幹呢？關鍵是激起你的團隊的熱情，只有這樣，你的團隊才可能堅持不懈奮鬥，充分挖掘自己的潛力，為企業創造更多價值。

　　在商場之中的競爭是非常激烈的，而對於創業而言，若是想要擁抱成功，其手下必須有一支鬥氣昂揚的隊伍。這是因為，一個毫無生氣的團隊，就像一個安逸的樂園，員工們每天也許都很快樂，但是他們都較為懶散，沒有工作的動力，這樣的團隊在激烈的競爭之中，就極有可能被擊垮。想要創立成功的企業，單單領導者有熱情是遠遠不夠的，每個員工都應該飽含熱情。

馬雲曾經說過：「如果你自己很有熱情，但你的團隊沒有熱情，那麼一點用都沒有，怎麼讓你的團隊跟你一樣充滿熱情去面對挑戰，是極其關鍵的事情。」如此看來，馬雲在這一面向做得非常好，正因為他時常激起員工的熱情，才有了今天的阿里巴巴。

在 1999 年，馬雲再次來到了杭州，他想要創立阿里巴巴電子商務公司。所以，他召集了很多人在家中開會。他表情嚴肅，飽含熱情地說：「黑暗之中，我們一起摸索向前衝，當我們喊叫著往前衝的時候，就不會慌張了。」

聽完馬雲的一番演說，所有人都受到了鼓勵。在這時，他也不忘提醒各位要隨時準備面對一切艱難險阻。那時，馬雲根本就沒有充足的創業資金，所以在場的人都投資了他，為他湊了 200 萬新臺幣。但是馬雲卻明確告訴大家，不要以為自己資歷高就可以做高階幹部，這些人才必須透過應聘才可以。

在這之後，馬雲又發表了演說：「我們現在要創的是電子商務公司，我們的目標有三個：第一，我們要建立一家生存 102 年的公司；第二，我們要建立一家為中國中小企業服務的電子商務公司；第三，我們要建成世界上最大的電子商務公司，要進入全球網站排名前十位。」

在馬雲激昂的演說後，所有人的鬥志似乎都被激發了。在這之後，在公共場所很難見到這些團隊成員的，因為他們沒有太多的資金，所以就沒有在寬敞的辦公室中工作，他們每天都在馬雲的家中工作。有一次，在馬雲的家中坐了 35 個人，在這並不是很寬敞的空間中，他們瘋狂工作，每天工作的時間有 17 個小時左右，他們不分晝夜工作，設計網頁，商討構思，如果累了就直接躺在地上。

就這樣，馬雲擁有了自己的成功，這肯定與他對員工的激勵是分不開的。

每個人都會產生熱情，但是熱情產生得快，消失得也快，所以，馬雲時常激勵自己的員工，激發他們快要消失的熱情，讓他們每天都在熱情飽滿的

狀態下工作。而我們也可以看見，馬雲手下的團隊是非常有熱情的，馬雲將公司的發展目標告訴了大家，讓員工知道公司的發展方向和不可估量的前景。有了共同的目標，大家的心就凝聚在一起了，從而使每個人都盡自己最大的努力工作。擁有這樣的團隊，馬雲才有可能有今天的成功，單靠一人之力是絕對無法成功的。

從這一點我們可以得出結論，一個優秀的領導人只有學會怎樣激起員工持久的熱情，才是最為成功的。那麼具體應該怎樣做呢？

- **為員工創立一個共同的目標**：作為一個創業者，想讓每一位員工都盡職盡責，必須激發他們的熱情，而想要激發他們的熱情，必須為員工創立一個共同的目標，讓他們清楚自己的努力會得到什麼樣的結果，這樣他們才會為了這個目標不遺餘力工作。
- **公司的制度要完善**：想要讓公司越來越成功，有規範的制度是非常有必要的，這樣員工才能安心為企業付出，其中最重要的一點是確立公司的利潤分配制度，每個員工的職責和權利也應該明確。
- **努力挖掘員工的潛質**：在一個團隊之中，每個人都有優勢和劣勢，作為一個領導者，應該懂得將他們自身的優勢發掘出來，讓他們發揮出自己最大的潛力，這樣一來，員工感覺自己的價值展現出來，就會產生對工作的熱情，從而加倍工作。

熱情，需要「野心」來補充動能

> 若是你有野心，而且能夠控制野心，並保持自己的野心，你就是一個有創業天賦的人。

在一般人眼中，有野心是一件很不好的事情，而與野心有關的成語也都是貶義的，比如野心勃勃，狼子野心等。但是想要成為一位出色的創業者，一定要有野心。

俗話說：「不想成為將軍的士兵不是好士兵。」而作為創業者，若是在

最初不想在商場上成為一位佼佼者，只想在商場上安穩創業，多數會面對失敗。美國的《時代》雜誌加拿大版中有一篇文章中說，美國加利福尼亞大學的心理學家迪安·斯曼特認為，「野心」是一種推動力，可以讓人們在行動的過程中，得到更多的力量。

在創業的過程中，若是沒有野心，進取心就無從得來，在想像力的基礎上，加上野心驅動，就可以創新。熊彼得（Joseph Alois Schumpeter）闡述企業家的精神，若是想要成為一個企業家，一定要一直創新，而想要做到這一點，就必須具有進取心，進取心需要從野心中獲得。

法國有一位富人在將要去世時留下一封遺囑，上面寫著：我以前很貧窮，如今卻很富有，在登上天堂之前，我把自己變得富有的祕密留下，若是有人可以回答出「窮人最缺少的是什麼」，就可以擁有我在銀行存下的 100 萬法郎，這些錢是回答這個問題的獎金。

在遺囑公布後，有上萬人寄來了答案，有些人的回答是金錢，有些人的回答是機會，有些人的回答則是技能，還有一些人的回答是家世、幫助等。

就在這位富人去世一週年時，富人的律師和代理人將他的致富祕訣揭曉了：窮人最缺少的是變成富人的野心！在眾多來信中，一位小女孩的答案是正確的。當人們詢問她怎麼知道答案時，她回答道：「每當我姐姐將自己的男朋友帶到家中時，總是對我說，收起你的野心！後來我就想，可能野心能讓人們得到自己夢寐以求的東西。」

事實上，野心是創業的必備條件。

從馬雲的經歷中，我們可以得知他是很有野心的人，正因為他有野心，才有了如今的阿里巴巴。想要和馬雲一樣成功，首先應該學習做有野心的創業者。

在創業上所說的野心是指什麼呢？主要是有強烈的發家致富的願望。在這種急切願望的驅使下，創業者能夠得到奮鬥的動力，在面臨艱難時能得到強大的信念的支持。一個總是滿足於現狀的人，在事業上，不會有良好的發

展，甚至還會逐漸衰敗。

想要創業的人，在創業之前，不妨問問自己：我具備成功的野心嗎？但只具備野心就想取得成功是不可能的，還需要多種要素，比如堅強的意志、絕妙的決策、好的想法等。但是野心在創業之中的地位是很重要的，沒有野心，創業都是空談。

贏在今天的只有偏執狂

> 我們若是想要成為一位優秀的創業者，一定要將自己偏執的一面發掘出來，充分發揮冒險精神。在商場之中，冒險就是創新，特別是在剛剛創業或者創業階段中找市場時，創新是非常重要的。

當一名滑雪運動員撞到雪峰死亡後，不少人都會感嘆：這個人真傻啊。還有一些人會諷刺：看吧，好好的滑什麼雪呢！然而，有些人不會有這種想法，他們會認為這些偏執狂值得敬佩，而且這些敬佩偏執狂的人往往都是創業者。

無論是在曾經，還是在今朝，只要你留心就會發現，成功人士實際上都是偏執狂，他們具有一定的冒險精神，沒有這一點，他們就不可能有勇氣嘗試新的路線，更不可能在某一領域獲得成功。大家都聽聞過英特爾公司（Intel Corporation），該公司創始人曾經說過這樣一句耐人尋味的話：「只有偏執狂才能生存。」而每一位偏執狂都是名符其實的冒險家，因為偏執需要冒著很大的風險。

風險往往蘊藏著豐厚的收益，只有你敢於挑戰，你才能看到風險中的機會，也才能有機遇擁抱財富。

從馬雲的身上，我們能夠看到偏執的影子。

在馬雲想要成立公司時，他找來了 24 個值得信任的朋友諮詢，他們之中的大部分都是馬雲曾經在授課時結識的學生。馬雲告訴他們自己想做網際網路，並將網際網路的益處一一列出。但實際上，馬雲對技術一點都不了解，

要對他人敘說一個自己不了解的東西可能說不太清楚，所以不僅馬雲說不清楚，大家也聽不明白。

聽完馬雲的敘述，大家都搖頭，認為此事行不通，覺得他不想開，放棄穩定的教師行業不做，非要研究自己一竅不通的技術，腦袋肯定壞掉了。在場的24位朋友之中只有一個人沒有反對他，而是對他說：「若是你真心想做，嘗試一下也無妨。」

次日清晨，馬雲還是下定決心堅持自己的信念，做到這一點需要很大的勇氣，因為這件事的實行有很大的困難。對此事比較了解的朋友提醒馬雲：你對網際網路什麼都不懂，然而馬雲依然堅持想法，不肯就此錯過機遇。

最初，馬雲剛剛著手做網路，不少人都覺得他們是在騙人。在當時，沒有人認為與網際網路打交道能獲得收益。

在1995年，上海出現了網際網路，而在還沒出現網際網路的時候，馬雲就已經在此地成立了網際網路公司，該年六月，透過馬雲的努力，海博網路公司製作了「中國黃頁」，這是他們的第一個業務。

在這期間，馬雲承受了來自各方的壓力，人們都覺得他在撒謊騙人，總是活在虛幻的世界中，甚至覺得他生病了，這是因為那時中國人還沒有見到過網際網路。而如今，馬雲的偏執並沒有錯，而他的努力也得到了世人的認可，成為了一名優秀的企業家。

透過回望馬雲創業之初的經歷，我們可以發現偏執讓他義無反顧選擇涉足自己毫無所知的領域，也是這種偏執讓他堅持到最後，看到成功。

馬雲說：「不具備冒險精神的創業，只能在自己的小圈子中活動，不可能將事業擴大。」每一個創新都需要創業者勇於冒險，因為創新的領域是無人涉足過的，風險越大，你最後獲得的收益才會越豐厚。

但偏執冒險不等於根據實際情況固執己見，像無頭蒼蠅一樣冒險前進，這種偏執和冒險是建立在看清情況和條件的前提下進行的。

第二章
擁抱夢想，照亮你的前進之路

為理想而生，才更願奮勇向前

> 從提出這個目標開始，馬雲就知道，今後的每一步都會無比艱難，但是他
> 從未後悔過，因為他明白：堅持做正確的事，堅持自己的理想和使命是一
> 定要付出巨大代價的，在任何時代都一樣。

因此，面對外界的誤會，錯誤的報導，面對客戶們登門的斥責，面對公司員工委屈的眼淚，馬雲並未過早與公司員工交流，因為他明白，公司員工必須經歷這個過程。

馬雲曾經提出過一個偉大目標：「阿里巴巴要促進開放、透明、分享和承擔責任的新商業文明，為 1,000 萬家中小企業提供一個生存和發展的平臺，為增加 1 億個就業機會，為 10 億人提供消費的平臺。」

在現在的商業環境中，開放、透明、分享和承擔責任的商業文明在破壞大批群體的利益，而馬雲要抗爭這些既得利益，以及上世紀商業習慣。

馬雲對於公司員工放棄自身利益，去追求更利於客戶利益的作法感到欣慰。在他看來，人與人之間的連繫是非常密切的，網際網路是個大世界，淘寶是個大社會，在電子商務中面對欺詐、假貨等現象時很多人都會感受到憤怒，甚至懷疑一切、否定一切，透過媒體的「宣傳」，將這些事件放大，對企業產生巨大的衝擊。

也正是這種做法，讓很多人不再相信這個世界上還有人會做好事，不再相信還可以為理想、原則工作⋯⋯

在那個時候，很多公司員工都面臨著堅持還是放棄的抉擇，但是馬雲告訴他們，放棄，就會一直平庸下去；如果堅持理想，雖然會有碰壁的時候，可能會和不同的勢力競爭，但是大家能夠感受到生存、工作的意義所在，因此馬雲呼籲公司員工為了理想而堅持，而且必須堅持。

馬雲曾經對辛苦創業的人們這樣說過：「今天是創業的最佳時機，一切夢想的成功都一定和眼淚、汗水有關，和堅持誠信、努力有關！」

不能畏懼競爭，一旦畏懼競爭，就不該經營企業。讓企業覺得害怕的應該是不透明、不誠信、不公平的競爭。怨天尤人的人所看到的結果是被接受變化、改變自己的人甩得遠遠的。

對於公司員工，馬雲時常會提及自己的理想，他要讓自己的企業堅持102 年不倒，他經常對公司員工說，賺錢並不是目的，而是結果。要對社會感恩，因為阿里巴巴會因為當今的環境成長，更要為改善這個商業社會存在，這是認真工作的意義。

他鼓勵公司員工為了理想而努力下去。對於外界的不公平、鬧事者、散播謊言者，馬雲是這樣回應的：「你們的舉動不僅僅是在傷害 2 萬多名優秀年輕人的理想，也在破壞和打擊數千萬因網路而生存的小企業以及數億消費者的利益。」

馬雲說，真誠的建議、批評，公司員工不會不接受的，可是如果別有用心，目的不單純的攻擊，公司員工一定會反擊！

的確，阿里巴巴受過質疑，被人惡意抨擊過，但馬雲以及他所帶領的團隊卻並未倒下，他們有著共同理想，為了那個理想而奮鬥、付出，永不服輸！

敢想敢做，就一定能成功

成功者的成功歷程告訴我們一個道理：理想有多遠，人就能走多遠。

馬雲經常說這樣一句話：「不想當將軍的士兵不是好士兵，但是一個當不好士兵的將軍一定不是一個好將軍。」

縱觀古今的成功者的一生，無一不是和風險、艱難抗爭的一生，很多事情，在外人眼中是不可能的，但是這些成功者敢想、敢做，最終獲得了成功。

理想能締造一個人的成功，成功取決於自信和理想，沒有理想，汗水也

徒然，毫無意義。

當然，光有理想還不夠，還要敢於實踐，不斷努力嘗試，要相信在這個世界上，只有想不到的，沒有做不到的。

馬雲想要讓阿里巴巴在五年之內成為世界網際網路前十強，當時很多人認為馬雲是個狂人，甚至認為他是個瘋子，痴人說夢，公司那麼小，怎麼進網際網路行業前十強？

但是在 2002 年的時候，也就是網際網路剛度過「寒冬」時，馬雲提出了阿里巴巴 2003 年的計畫，盈利 5 億新臺幣，這個計畫，更讓外界認為他瘋狂至極；2004 年，馬雲提出每天盈利 500 萬新臺幣；2005 年每天繳稅 500 萬新臺幣，這些夢想一個接一個被馬雲提出來，一個比一個難實現，一次又一次讓外界人士認為他無藥可救。

然而，馬雲一一實現了這些夢想，這些夢想被外人看來是遙不可及的幻想，卻是可觸摸、可實現的事實。

每次馬雲提出目標的時候都會招來很多人的質疑、反對，可馬雲是個造夢者，將那些看似不能實現的夢想實現了，就是擁有這種敢想敢做的精神，才使得馬雲提出了存活 102 年的企業，創造出 100 萬個就業機會，在 10 年之內將阿里巴巴打造成世界三大網際網路公司之一、世界 500 強企業之一、淘寶網交易總額超過沃爾瑪（Walmart Inc，美國的跨國零售企業）等目標，在之前一個夢想接一個夢想被馬雲實現的過程中，外界人士已經不再認為馬雲提出的這些夢想有多狂妄了，並且相信馬雲的這些夢想一定能夠實現。

與其說馬雲是個企業家，還不如說他是熱情四射的創業者、偉大的理想的宣傳者、夢想的鼓舞者。

當有人問馬雲成功應該感謝何人時，馬雲回答說：「我的腦袋。」沒錯，他抓住了網際網路的機遇，敢於在網際網路方面有夢想，敢做敢想，打造出了所向披靡的阿里巴巴電子商務網。

如果說理想是前進的方向，那麼行動就是前進的動力，對於那些志向高遠的人來說，理想就是財富，善於將理想轉化為智慧，努力奮鬥，讓成功和我們的距離日趨接近。

成功者的一生，風險、艱難與他們並肩，很多看似做不成的事情，只要我們敢想、敢做，就一定可以成功。

可能有些時候，我們的腦海之中閃現出某個創意，想到此目標之後，我們就要立即確立該目標，將其變為自己日後的奮鬥目標。

連夢都沒有的人，談什麼成功

> 想要奮鬥起來，就必須先有夢想，讓自己頭腦中得過且過的想法消失，努力去實現自己的夢想，讓自己的人生更有價值。

在這個世界上，大部分人都是普通人，圍坐在電視旁觀看名人的消息。而這些名人總是少數的，每天電視中、報紙上都會出現他們的名字或身影，行走在大街小巷，你也會發現，人們口中談論的都是他們，你會以為這個地球在圍繞著他們旋轉，他們可以改變世界，無所不能。而你的夢想，就應該是讓自己變成這極少數的一部分人。

若是你清楚馬雲的創業經歷，你就會發現在創業的過程中，夢想占據了多麼重要的位置。馬雲勇於對社會的未來發展方向大膽想像和判斷，在弄清自己的創業目標後，緊接著執行自己的想法，不管在過程中遇到了什麼誘惑或困難，他都勇往直前。

「奮鬥的動力是什麼？不是財富。我是商業公司，對錢很喜歡，但我用不了，我不賺錢，我沒有多少錢，我真的就想做一家世界級公司，我看到中國沒有一家企業進入世界 500 強，我就想做一家。」

這段話是馬雲在 2002 年在被採訪時說的。在沒有開始行動時，馬雲就知道自己的夢想是什麼，並且將夢想融入自己的創業之路中。他也不是一路順遂，同樣承受過巨大的壓力，但是因為心中仍有夢想，他的信念才沒有動

搖，讓他繼續向前，從而讓他有獲得成功的機會。在創業的路上，不管他遭遇到了怎樣的挫折，甚至將他「打回原形」，夢想都會給他力量和勇氣，讓他從不止步。

在生活中，每個人都會有夢想，但是大部分人都成為了一個平庸的人，這是為什麼？是因為他們從心中就認為這個夢想是遙不可及的，自己也沒有付諸實踐或堅持下去。但連想都不敢的人，又怎麼能成功呢？當我們找到人生的目標後，就應該向著這個目標去奮鬥，只有這樣，你才能逐步接近夢想。

有一位教授，他很想弄清楚夢想對於人生的重要性，於是就做了一個實驗。他隨意挑選一個班的學生作為受試人員，他問學生們一個問題：「你將來想要實現什麼夢想，有沒有具體的規劃？」

有的學生不用思考就說出了自己的未來規劃；而有的學生就不知所措，他們對未來沒有思考過；還有的學生猶豫不決，夢想在頭腦中很模糊，很難說清楚。

統計顯示，10%的學生有自己的夢想。教授對學生說：「你們都有自己的夢想，那可不可以將它寫下來呢？」這10%的學生把自己的夢想寫了下來，教授經過核對發現，這些學生中只有4%的人的理想是可以透過實踐實現的。

20年之後，教授和研究人員調查當年接受實驗的學生，結果發現，當年能將自己的理想寫下來的學生，從各個面向來看都比沒有寫下理想的人強得多。此外，夢想可實現的4%的學生，他們所擁有的財富比剩餘人所有的財富之和還要多。

每個人的生活都可以是不平庸的，但是如果你不奮鬥，那麼你的生活一定是沒有色彩的。

透過夢想，馬雲找到了一條屬於自己的創業之路，而對於我們而言，也應該先考慮去選擇什麼夢想，這一點至關重要。

夢想，不是懸在天邊的雲朵

想要創業成功，我們確實需要勇於做夢的精神，但是不要讓夢想成為空中的白雲，要切合實際。就像放風箏，想要風箏飛得更高，必須要抓緊手中的線。

對於我們而言，想要創業，就應該先弄清自己想要實現什麼目標，自己可以做什麼，接著才能遠離各方的誘惑。

存在這樣一種人，他們好高騖遠，每天都沉浸在自己幻想的成功之中，想要實現遙不可及的夢想。為了盡快實現自己的夢想，他們義無反顧，像飛蛾撲火般，最後因自不量力而以失敗落幕，這類人其實就是空想家，他們的夢想是懸在天邊的雲朵，可望而不可及。

這些人的失敗，最大的錯誤就是夢想脫離了現實，因為高估了自己的能力，低估了社會現實中的困難，使自己只能在虛幻中生活。

蘇格拉底（Socrates）帶領著一個學生到一座城市中去。在前進的路上，學生看見路上有一塊大石頭，他告訴蘇格拉底這塊大石頭阻斷了前進的道路。

蘇格拉底說：「不如我們繞一下，從那條小路走。」

學生回答：「不，我不想多走路，我必須將這塊大石頭擊敗。」

經過多次的嘗試後，他仍然沒有成功。他沮喪地說：「這塊石頭就可以將我的道路阻斷，我還怎麼實現偉大的理想！」

蘇格拉底感嘆道：「其實，打敗你的不是石頭，而是你的認知，道路一直都在這裡，你不能用高於你自己認知去看問題。」

看完這則小故事，你可能會認為蘇格拉底的這位學生很「笨」，但是你可以看一看你自己，是不是也和他一樣，首先給自己設定了偉大、崇高的創業夢想，但是卻沒有考慮到自己是不是能夠實現這個夢想，就如這位學生努力擊敗擋在前面的石頭一樣，很多創業者為了實現不在自己能力範圍內的夢想

耗費大量的精力，但最後他們是擺脫不了失敗。

可能有人會有這樣的疑問：馬雲在剛開始時的夢想可能並不明確，因為未來不是一成不變的，他的夢想可能也是遙不可及的，但是他卻因為這個夢想而獲得了成功，這是怎麼回事呢？

沒錯，在剛剛創業的時候，馬雲真的不知道中國網際網路行業會往什麼趨勢發展，而且他承認自己並不了解網際網路，但是馬雲有一點是很多人都做不到的：他很清楚當時的社會現實和時代的發展方向，所以他可以推斷到網際網路在未來一定會影響人們的生活、工作、學習習慣，而且他確實付出了實踐。

他的夢想是建立一個電子商務公司。在剛開始時，他找來了 18 個人，並向他們講述自己的構想，講話結束後，他們都為此事掏出了錢，結果他籌到了 6 萬美元，也正是這 6 萬美元，馬雲開啟了阿里巴巴之旅。

那時阿里巴巴什麼都沒有，沒有資金，沒有技術，也沒有計劃，但是馬雲在經營公司時，將每一分錢都用得有價值，最終獲得了他人的信任，得到了資金，公司從此發展起來。

在這期間，阿里巴巴的經營也犯下了多次錯誤，由於擴展速度太快，在網際網路泡沫消失後，他只能裁掉部分員工，而且現金也所剩不多，是什麼支撐他走到今天的？是夢想。在他的指引下，開發了一種產品，為國內和美國的買家搭線，因為這個產品，企業又復活了，自此以後，阿里巴巴的能力日益壯大。

不可否認，馬雲非常敢做夢，但是他的夢並沒有脫離現實，是合情合理的，而這就是他獲得成功的保證。想要在創業的路上闖出自己的一個新天地，在敢於做夢的同時，不能讓夢想成為空中的雲朵。

靠近夢想一點，為自己歡呼一次

夢想與現實的距離雖然很遙遠，但是只要你走好實現夢想的一小步，即使

夢想非常遠大，依然也可以實現。

人們經常說：「夢想源於現實而高於現實。」沒錯，每個人都有自己的夢想，但是並不是每個人最終都可以實現自己的夢想。這是因為夢想畢竟不是現實，那麼創業者，你知道怎樣做才能讓自己的夢想和現實之間的差距越來越小嗎？

「千里之行，始於足下」，若是想要實現自己的夢想，就一定要慢慢累積。但在實際生活中，不少創業者都將這一點遠拋在腦後，他們總是想要馬上獲得成功，但是人生之路並不平坦，這些人在努力實現自己的夢想的過程中，只要遭遇一些困難，事情的發展狀況偏離了他們的預想，他們就會受到打擊，心灰意冷，從而使自己之前實現夢想的熱情和動力逐漸消失，最後也就無法實現夢想。

「不積跬步，無以至千里；不積小流，無以成江海。」想要縮短夢想與現實之間的距離，就應該在現實夢想的過程中，腳踏實地向前進，將最終的目標分成幾個小目標，在每實現一個小目標的時候，我們都會有愉悅感和成就感，並一點點接近最終目標。

阿里巴巴在剛創立的時候，馬雲的夢想就是讓其站在全球十大網站之一的位置上，並讓世界上每個角落的商人都對其耳熟能詳。不可置否，這個夢想對於剛剛創立的阿里巴巴而言，是何等艱難，不得不說，這是一個很有挑戰性的夢想。

1995 年，那時阿里巴巴已經創立了，在無數個堅持和期待中，它慢慢發展起來。但是，才過了五、六年光景，網際網路就遭受到了重大的波動，阿里巴巴當然也受到了不小的影響。

那時，很多與馬雲同行的商人都想要放棄，轉行從頭開始追尋夢想。而馬雲雖然也猶疑過，但是他一直很明白，若是他放棄了，和他的同行一樣轉行，那他自己的夢想將永遠只是夢想了。所以他堅定信念，告訴自己一定要

繼續前行。

　　透過馬雲的拼搏奮鬥，他得到了軟銀公司總裁孫正義的幫助。經過一年的考驗，很多同行公司都「關門大吉」了，而阿里巴巴卻沒有倒閉。

　　在這一年的時間裡，阿里巴巴雖然並沒有收益，但是馬雲覺得只要阿里巴巴還沒有倒閉就是一種成功，這已經是很大的進步了，所以馬雲和公司內的員工都非常高興。

　　後來，馬雲參加了一個上海投資大會，在那裡馬雲說了一句話，這句話只針對孫正義而說，他說：「一年以前，你給我投資的時候，我說的是這個夢想，如今我所堅持的夢想還是這個，只是我往前走了一步。」說完這句話，他就下臺了。聽到這句話的孫正義非常感動，又投資了阿里巴巴進。

　　從阿里巴巴剛剛創立的那一刻開始起，直到現在，他仍舊謙虛，不斷前進，所以他才有了自己的「電子商務帝國」。

　　不止是馬雲，日本馬拉松運動員山本田一也懂得怎樣縮短夢想與現實之間的差距。他之前得到過多次國家馬拉松比賽的冠軍，但是每次有人問及他的成功時，他就閉口不言。

　　很長時間過去後，山本田一退役了，這時他才肯將自己如何取得成功的方法告訴大家。他的方法是，在比賽之前，自己沿著比賽路線走一遍，然後將有著顯著特徵的地方記在腦中。比如，這裡有一個銀行，銀行前面有一個廣場，在廣場前方有一個大型超市……

　　然後在比賽的時候，當他路過那家銀行時，他就會想到前面就是廣場了，在距離廣場不遠的地方就是大型超市……最後輕鬆達到終點。

　　透過山本田一的故事，我們可以知道夢想雖然很遙遠，但是只要一點點實現每一個小目標，距離夢想就越來越近了。

記住最初的夢想，不能因小成就而滿足

只有那些堅定最初夢想，不滿足於現狀的、渴望進步的人才能夠攀登至更

高的境界，才能將自身潛能挖掘出來，登上成功的頂峰。

每個創業者在最初創業階段都會有個夢想，會為了實現這個夢想而付出努力，但很多創業者在取得成功之後，都會抱有「守成」觀念，不肯再多付出，對於這種人來說，前行的道路是他們自己堵死的。

獲得小成就，可以小小慶祝一下，但是千萬不能忘記自己的最終目標，甚至忘我。馬雲也主張創業者不要忘記自己的最初夢想，不能因為一時成就而迷失自我。

如果創業者不滿足眼前的小小成就，就會想辦法充實自己、提升自己，把自己的事業做得更加強大，為社會做更多的貢獻，進而實現自己的人生價值。

再者，小成就雖然也是成就，也能夠成為自己繼續發展的資本，但是社會變化迅速，長江後浪推前浪，一代更比一代強，你在原地踏步，社會潮流就會將你拋在後面，後輩們也會趕超過來，甚至將你淘汰出局。

比如，在十幾二十年前，大學生稀有，現在呢？到處都是大學生，大學生就業難已經成了我們現在面臨的問題。

一個人如果始終牢記最初的夢想，而不滿足於眼前的成就，積極向上，就能夠將自身的潛力充分發揮出來。一個人一旦安於現狀，就會失去上進心，喪失求變動力，沒了動力，一切也就不能付諸於實際行動了。

一個放縱、隨波逐流的人是不會有什麼大的作為的，因為他們只顧著安於現狀，即便他們知道自己身上有很多潛力有待挖掘，卻還是透過各種方式虛度光陰。他們以為自己這樣做終究會收獲成就，總是被眼前小小的成就所蒙蔽，豈不知山外有山，人外有人。很多小的成就成為他們炫耀的資本，豈不知還有很多大的目標等待他們去實現，他們忘記最初的夢想，甘於過平淡的生活，他們身上的潛力就這樣被荒廢。

其實在最初階段，很多人的夢想或理想都是平庸的，與他們的自身潛能

並不相符，目標太過低調。試想，如果馬雲最初的夢想只是做個頁面設計那麼簡單，又怎麼會有今天的阿里巴巴呢？同樣的道理，如果你所設定的目標容易實現，那麼你的前進過程的動力就會比較小，一個定位於土丘的人又怎麼登得上去高山呢？可能在山腳的那一刻，他就已經退縮了。

人類正是因為有欲望，才會有那麼多追求，才會渴望更高的職位，過更舒適的生活，受更高等的教育，擁有溫馨的家庭，獲得更多的財富以及更高的社會地位等。只有充分挖掘人的潛力，能力才能夠得到全面施展，人類發展至更高階段，這種追求，也是人類進步的動力。

不要沉浸在小小的成功之中，因為它會阻礙你前行的腳步，當你沉浸在所謂的成功中後，會容易忘記自己最初想要做什麼，夢想會逐漸喪失。

馬雲的夢想：讓天下沒有難做的生意

> 馬雲總是這樣，能夠讓人意想不到，你以為他會向東，他卻偏偏向西，你以為他會用劍，專心研究箭法想要與之比拼，他卻拿起了長槍B2C，讓你不知從何下手。就這樣一次改善策略，「天下」的生意越來越好做。

馬雲曾經闡述過自己對於阿里巴巴的夢想：讓天下沒有難做的生意。從阿里巴巴誕生的那天開始，阿里巴巴那種 B2B ── 圍繞中小企業 ── 商人與商人之間的電子商務模式就得到了權威機構的肯定，被矽谷、網際網路風險投資者稱作「第四種模式」。和全球著名雅虎入口網站、亞馬遜 B2C 模式（企業直接將產品和服務銷售給最終的消費者），以及 eBaY（購物網站）的 C2C 模式並列。

2001 年，阿里巴巴推出了「中國供應商」服務，向全國推薦了優秀出口企業、商品，並推出「阿里巴巴推薦採購商」服務，在網上跨國採購。

就在這一年，阿里巴巴又推出「誠信通」，這是一種企業信用級別的網上信用管理產品，沒過多久，哈佛商學院就將阿里巴巴經營管理實踐、轉型期管理實踐作為 MBA 案例，持續五年，阿里巴巴獲得了美國權威雜誌《富比

士》全球最佳 B2B 網站、中國商務類優秀網站等殊榮。

直到現在，全球 400 多家著名新聞媒體對於阿里巴巴的報導從未間斷過，被稱作「真正的世界級品牌」。

現在阿里巴巴在中國 B2B 市場占有 7 成份額，匯集了 300 萬個海外會員，超過 1900 萬家中國註冊用戶。

直到 2007 年 7 月 28 日，馬雲向與會的 6,000 多名員工宣布，阿里巴巴的 B2B 業務正式啟動，全場瞬間沸騰，不管是馬雲提出的「每天盈利 500 萬新臺幣」或者是「每天繳稅 500 萬新臺幣」，都遠不及阿里巴巴 B2B 公司在香港聯交所公布招股書更具說服力。

之後，阿里巴巴籌資 14.9 億美元，成為融資僅僅次於 Google，位居第二的大規模網路上市公司。

雖然有了這一切，可馬雲並未滿足，他所要塑造的是阿里巴巴 B2B 會員的形象，利用雅虎實行競價推廣，用支付寶來收款，並透過阿里巴巴軟體經營管理。

馬雲的夢想總是能夠超過人們的想像，但是馬雲仍舊設計著更加宏偉的藍圖，在他看來，可能十年、二十年之後阿里巴巴不一定是網際網路公司，可能成為了送人上月球的公司，那時候月球上的生意比地球上的好。從這裡我們也能看出，馬雲的想像力超出一般人。

實際上，淘寶網很大程度上是被「逼」出來的，在 2003 年的時候，eBaY 並購易趣，同時向中國電子商務 C2C 進軍，成為了中國市場上 C2C 領域的領軍人物，並且對阿里巴巴虎視眈眈。

此時的馬雲已經不能安然處之了，他知道最好的防守就是進攻，因此他決定向 eBaY 發動攻擊，進軍 C2C 領域。

就這樣，淘寶被炮製出來，成為了中國網際網路中的奇蹟，使得 eBaY 易趣倒下去，終於登上 C2C 領域「大哥」的寶座。

到 2007 年的時候，淘寶網的成交額已經突破 157 億，每天在淘寶購物

的人數已經超過了 600 萬，和大賣場門店日客流量 1.1 萬相比，簡直是大巫見小巫。

淘寶為什麼能夠戰勝 eBaY？首先，eBaY 驕傲自大，認為自己有錢有勢，沒有將淘寶網放在眼裡，認為憑藉一己之力打壓就能夠讓淘寶永不翻身，可是他們打錯了如意算盤；另一方面，淘寶未雨綢繆，透過「農村包圍城市」策略、免服務費策略等一舉獲勝。

有人說，馬雲採用這樣的策略是不光彩的，實際上，這只是策略的不同而已，就像是穆桂英掛帥的時候那樣，從來不按套路出牌，卻能連連獲勝，馬雲也是如此，俗話說得好：「兵不厭詐。」何況馬雲也沒詐什麼，不過是按照一定的原則做事。

將 eBaY 趕走後，馬雲開始帶領著淘寶鞏固市場，從 2007 年 6 月起，50 多家企業，相繼透過電子商務方式在網上開店。

2007 年 10 月 17 日的時候，百度宣布建立 C2C 電子商務交易平臺，很明顯，這是在向阿里巴巴旗下的淘寶宣戰。

可能只是巧合，也可能是事先的計畫，百度剛剛放出消息，阿里巴巴 B2B 公司首次上市，馬雲此時又要面對一個強大的對手。

可是，淘寶作為電子商務界的領軍人物，仍舊表現出了「王者之風」，對百度電子商務的開業表示祝賀，但是就在百度發布此資訊的時候，淘寶便做出回應：「只要有公司加入，不管是不是網際網路企業，對中國網購市場都是好事，就像目前每天都有各種購物網站誕生。」

馬雲說出這些話是有根據，因為淘寶在中國 C2C 電子商務中占據著不可撼動的「王者」地位，百度想要與之抗衡幾乎是不可能的。

百度仍舊在攻擊淘寶，可是馬雲並未將其放在心上，而是將 B2B 和 C2C 策略轉成了 B2C，即企業對個人的模式。

不要將夢想遺留在過去，要勇敢繪畫夢想

永遠不要忘記自己第一天的夢想！只要不忘記自己第一天的夢想，始終沿
著最初的目標走下去，就會距離夢想越來越近。

在青春年少時，我們每個人都有一個夢想，而且每天都會幻想夢想實現的那一刻是多麼輝煌，然而隨著歲月的洗滌，我們年少時的夢想似乎越來越遙遠，於是，夢想變成了夢，我們每天都在按部就班工作、生活。

在馬雲剛剛創業的時候，每個人都認為他和他的團隊會失敗，他們覺得馬雲的想法不切合實際，他的做法太過草率、魯莽。面對這些難聽的話語，馬雲的心中雖然產生了些許不快，但他並沒有因為這些話而改變自己的想法，因為他意識到了他們的看法並不重要，主要是自己是如何看待自己的，若是自己的立場都不堅定，認為自己有可能會失敗，實現不了夢想，那麼夢想永遠都會是夢想，不會變成現實。所以馬雲堅定自己的信念，朝著自己的夢想前進。而最後，他的成果也證明了堅持最初的夢想沒有錯。

在實現自己的夢想的過程中，馬雲所面對的不僅是被人質疑，還有現實的殘酷，但他都堅持下來了，度過了那段無人問津的時代，迎來了嶄新的時代。所以，作為一位創業者，應該向馬雲學習，不要忘記自己年少時出色的夢想。

也許你現在還不具備實現夢想的能力，但是你應該將自己的夢想記在心中，在夢想的方向上刻苦學習，總有一天，你會實現夢想。但夢想同樣有保鮮期，若是一直將夢想放在心中，而不去實踐、付出行動，夢想就變質了。

在成功人士之中，除了馬雲，還有很多人在這方面做得很好，比如布倫克特（David Blunkett）。

一次，一個叫布羅迪的人在自己的閣樓上收拾東西，突然找到了一疊作業薄。他仔細想了想，知道了這是他曾經所教過的一個班級的學生們所寫的作文，題目是《未來我是……》。他對此非常感興趣，隨便翻看了幾本，同

學們有趣的夢想讓他感到很有意思。有一個人說自己以後要成為一名海軍大臣，還有一個學生說自己以後要成為一位法國總統……

在翻看這些作文的時候，布羅迪產生了一種衝動，就是將這些作文發到學生的手中，讓他們看看自己以前的夢想是不是實現了。

他在一家報社上發表了一則啟事，在這不久，有很多人寄信給布羅迪，他們的職業五花八門，有成功者，但是大多是普通人，他們告訴布羅迪自己很想知道自己曾經的夢想。於是布羅迪郵寄了過去。

一段時間後，布羅迪受到了一封信，是內閣大臣布倫克特的，他說自己就是大衛，他非常感謝布羅迪為他保存兒時的夢想，並表示自己不再需要這個本子了，因為在寫下自己夢想的時候，他就沒有放棄過為夢想努力，現在他已經實現了自己的夢想，他還想透過信件告訴大家要堅持自己最初的夢想，只要你堅持，一定會成功。

在我們的身邊，有太多生活平庸的人，這是因為他們在成長的同時，沒有攜帶著自己最初的夢想。夢想可以給人無窮的力量，但是卻很容易被人忘記，忘記夢想，夢想就永遠不會被實現。即使你年少時的夢想有多麼偉大，若是沒有將其放在心上，永遠都只是夢。

如果你想要創業，請先停一下腳步，想一想你年少時的夢想是什麼，為什麼現在還在原地蹉跎歲月，然後整理行囊，堅持自己年少時的夢想，向你的夢想進發，不要認為那遙不可及，也許明天你就是一個成功者。

第三章
永不言棄，不做搖擺不定的「風中草」

99 次失敗，才能換取一次成功

用 99 次失敗來換取一次成功是非常值得的，失敗乃成功之母，更是無價
之寶，只有那些懂得在失敗之後繼續堅持的人才能夠孕育出最後的成功

馬雲有了今天的成就也是如此，成功者和失敗者之間的差別就是能夠堅
持，失敗之後會不會繼續努力前行，成功就是在歷經無數次的失敗之後才能
顯現出來。

馬雲所擁有的就是那種堅持不懈的奮鬥精神，他經過無數次失敗。8 年
的時間內，從僅僅具有 200 萬新臺幣的小企業發展至中國知名網際網路公
司。不能堅持不懈的人所面臨的只有失敗。由此可見，用 99 次失敗來換取
一次成功是非常值得的。

馬雲是阿里巴巴的創始人，如今，阿里巴巴和馬雲都非常輝煌，可在馬
雲初創立阿里巴巴的時候，並不是一帆風順的，他的成功是在一次又一次的
失敗，以及滿是艱辛的道路上過來的。

馬雲剛剛大學畢業之後，在大學裡任英文教師，之後成立了杭州首家外
文翻譯社，後來又赴美做商業談判翻譯，首次接觸網際網路。1995 年回國後
開創中國第一家網際網路商業網站 ──「中國黃頁」，遭受朋友反對，眾人
非議；1997 年底，馬雲帶領著自己的團隊創辦了一系列的貿易網站；1999
年，馬雲離開「中國黃頁」，南歸杭州，用 200 萬新臺幣二次創業，也就是阿
里巴巴。

這個時候，中國的網際網路行業的發展已經非常迅速，新浪、搜狐也都
借勢而生，很多網站都轉向了短信、遊戲業務，但是馬雲仍舊守在自己的電
子商務領域。為了節約開支，公司就安在馬雲家中，員工們每月只有 2 萬新
臺幣的薪水，累了就在地上的睡袋中躺。

因為馬雲沒找到發展的道路，連續幾年公司都沒什麼收入，同時背負了
大量運營費用。到了 2001 年的時候，網際網路行業進入低谷，很多公司都

已經倒閉，到了年底的時候，阿里巴巴卻奇蹟般復活了，同時實現了盈利目的。

幾次創業失敗，馬雲深受打擊，甚至懷疑自己所走的路是否正確，但是他並沒有因為屢次的失敗而放棄自己的夢想，毅然決然地選擇了這條艱辛的創業之路。

馬雲明白，網際網路商務領域就是他所要走的路，這就是他想要的生活，如果馬雲在創業之後決定放棄，可能永遠都不會有如今的成就，寒冬季節的時候，阿里巴巴所提出的口號就是：「堅持到底就是勝利！」

馬雲認為，永遠不要跟別人比幸運，馬雲從來都沒有想過自己會比別人幸運，可能馬雲比他們更有毅力，在最困難的時候，很多人都熬不住了，可是馬雲比他們多熬了一秒就成功了。

馬雲的經歷讓我們明白，經歷失敗並沒有什麼可怕的，沒有戰勝失敗的勇氣才可怕。馬雲最初的創業歷程是用失敗堆砌而成的，而他說取得的成功正是以這無數次的失敗為基礎的，那些剛剛經受一點失敗就自暴自棄的人是難有成就的，更不要說成功了。

不管做什麼事情，只要想獲得成功就不能畏懼失敗，因為成功的背後就是無數次的失敗，堅持一會並不難，難的是歷經無數次失敗後仍舊堅持，直至成功的曙光降臨。

放棄或不專注，都將面臨失敗

用 99 次失敗來換取一次成功是非常值得的，失敗乃成功之母，更是無價之寶，只有那些懂得在失敗之後繼續堅持的人才能夠孕育出最後的成功

每個樹立了目標的人，訓練自己的專注力是向著成功邁進的重要條件，當我們達到一定的境界後，成功的道路自然就會開闊得多。

馬雲曾經針對專注力說：「10 隻兔子擺在那裡，你到底抓那一隻？有些人一會抓這隻兔子，一會抓那隻兔子，最後可能一隻也抓不到。」

　　現實生活中，很多人之所以創業失敗，就是因為他們做事三心二意面對誘惑的時候不能做到心無旁騖，總是心不在焉，最後一無所得。成功之路上，不專心是大忌。

　　如果一個人想要有自己的事業，雖然影響因素是多方面的，但是在眾多因素之中，專注就是重點，不管遇到什麼樣的挫折和困難，都應該能夠做到緊隨目標，想辦法戰勝挫折和失敗，遠離誘惑。

　　2003 年的時候，阿里巴巴宣布淘寶為阿里巴巴投資 C2C 之後的網站，馬雲與淘寶高層開始計劃推廣淘寶。

　　在馬雲看來，網站在網上推廣要比網下推廣更直接、有效，也更能夠瞄準受眾，即上網的人，而且在網站上面的廣告能夠直接連結，看到廣告的人很可能會跟著連結到網站上去。

　　當然，在為淘寶做廣告的時候阿里巴巴已經有一定的資金儲備了，阿里巴巴也做網下的推廣，不過這些廣告僅僅用於加深人們的印象，而並非宣傳工作的助力。

　　馬雲的推廣計畫從一開始就遇到了對手 —— 易趣。當馬雲的團隊到各大入口網站投放時，幾乎都碰了壁，他們說易趣在簽合同的時候附加了條件 —— 不接受同類網站的廣告。

　　國內的所有網站都需要廣告，易趣的手裡有錢，當時的 C2C 僅有易趣一家，所以，無論哪家想要爭取 C2C 廣告，網際網路公司都不會介意，也不會抗拒這個條款，因為沒有人會拒絕現金。

　　這場「封殺」持續了七個月，在這七個月中，淘寶只能選擇網下的推廣，馬雲想盡辦法推廣淘寶網，在捷運、燈箱、路牌。憑著馬雲的個性，他是不會任由易趣「封殺」的，仍然想盡辦法在網上推廣淘寶。

　　馬雲想要在網上推廣淘寶，卻遭受了易趣的「封殺」，所以他放棄了在大網站上推廣，開始從小網站入手。

　　在當時，網際網路小網站已經形成了站長聯盟，淘寶只需與盟主談判就

能夠一次拿下一批小網站廣告，價格也比較合理。

等到淘寶占領小廣告平臺之後，一些大網站就開始讓步了，他們看到了淘寶的實力。

入口網站最後也向馬雲的團隊打開了，易趣一直將禁投廣告延到他們投放後的一段時間內，幾乎在易趣的條款約束剛剛到期的時候，搜狐就和淘寶簽訂了協議，從那天開始，易趣的封殺也就意味著結束了。

正所謂：「天無絕人之路。」無論問題有多麼複雜，無論外界如何打擊我們，我們都應該找出解決的方法，擁有永不放棄的精神，集中注意力去採取措施解決問題。

淘寶遭到了易趣的「封殺」，很多人都認為馬雲的世界末日來臨了，但馬雲以及他的團隊卻並未因此而亂了陣腳，更沒有放棄，最後開闢出了一條能夠和對手作戰的戰場，事實證明，馬雲的選擇非常明智、有效。

想要成就事業，最忌諱的就是見異思遷，年輕人往往定性不足，因而非常容易見異思遷，原因很多，因為他們沒有經歷過別人所擁有的成功，容易被別人的成功誘惑、動搖，應該確立自己的目標，堅持追求目標，日趨成功。

很多年輕人血氣方剛，希望能夠擁有自己的事業，所以做事非常急切，那種急功急利的心情是可以理解的，但是如果做事過於草率，容易適得其反。凡事都應盡力，遇到挫折都應專注，不能因為失敗而輕易改變自己的決心。

有些人對別人的成功羨慕不已，卻看不到別人在走向成功的過程中經歷了多少艱辛，而這些成功者，大多意志堅定，不會輕易動搖自己的決心！

撐下去，就可能有成功的機會

成功之前，出現失敗是難免的，但是只要我們堅持不懈，勇於克服困難，不斷努力，撐下去，就會在克服挫折的時候看到成功。

很多時候，很多人沒有成功就是因為受不了成功之前的痛苦、折磨而放棄，這一放，就意味著失敗，就意味著成功落入他人手中。

我們奔向成功的路上，總會遇到這樣或那樣的困難、挫折，扛下去才有成功的機會，懈怠或放棄都可能會導致失敗，與成功失之交臂。

馬雲推廣「中國黃頁」的時候，幾乎所有的人都認為他是個騙子，可他就這樣苦撐下去，結果成功了。

為了宣傳「中國黃頁」，馬雲連續跑了五次企業的生意，可是那家企業的老闆卻認為他是個騙子，馬雲為了說服他，收集了大量電子商務資料，為其詳細講述電子商務，跟他說在網上做廣告要比在其他媒體上的效果更好，雖然馬雲費盡口舌，可是那位老闆仍舊對他持懷疑態度，即使如此，馬雲仍然沒有放棄，幾天之後，馬雲帶著一臺筆記型電腦又來到該公司，當那個老闆看到網頁上顯示出自己的企業的網頁時，同意付款。

在剛創業時，拿下每一單生意都是非常困難的。在熟悉杭州的業務後，他又將業務拓展至省外，將無錫小天鵝和北京國安足球俱樂部主頁放在了網上。

創業幾個月之後，終於做成了幾單生意，八個月之後，營業額突破了400萬元。

但是在1995年12月的時候，「中國黃頁」四個股東之一提出撤資，但是當代公司還沒有賺到什麼錢，馬雲二話沒說，給了他60萬新臺幣。

幾個月之後，「中國黃頁」開始實施代理制度，按照協定上面的規定，現金不能退回，但是代理商通常是交了錢還沒多久就開始要回，馬雲什麼都沒說將錢全部退回。

這些人撤資是說明他們對「中國黃頁」的不信任，不看好「中國黃頁」，不信任馬雲。馬雲堅信自己成功，堅持陪在他左右的人也相信馬雲能夠成功。

馬雲的團隊所推崇的實際上是一種看不見的商品，幾份美國寄來的打印

紙、一通美國電話，讓客戶們信任確實有些難度。甚至有人認為他這幾份打印紙是在電腦上製做出來的，因此很多人認為馬雲是騙子。

可能是馬雲的思想太超前，因此註定在網際網路方面以開拓者的身分付出代價。在 1995 年 7 月的時候，上海開通了「K」網際網路專線，「騙子」二字終於遠離了馬雲和他的事業。

1995 年 8 月，西子湖畔的一間民房中，馬雲找來記者，找到瞭望湖賓館老闆，馬雲讓記者將攝影機對準電腦，之後從杭州打長途到上海，聯網，三個半小時之後，網上出現瞭望湖賓館企業主頁，就這樣，馬雲「洗」去騙子罪名。

不僅僅杭州客戶認為馬雲是個騙子，就在馬雲第一次去北京的時候，仍然有人認為他是騙子。

雖然上海、杭州網際網路開通了，但還有很多地方的省市未開通此業務，因此在這些地區還有很多人將馬雲看成騙子。直到 1998 年之後，網際網路熱潮掀起，馬雲才真正翻身。

馬雲說：「創業的時候，我的同事都可能流過淚，我的朋友可能流過淚，但我從來沒有。因為流淚沒有用，創業者沒有退路，最大的失敗就是放棄。」

在馬雲看來，成功的定義很廣泛，不好定義，但是放棄就意味著失敗。馬雲背負「騙子」這個罪名好幾年，可馬雲就那樣撐著，終於成功推廣「中國黃頁」。

無論別人說什麼，都要堅持不懈

一個人如果只能在別人帶領之下才能前行，那麼這個人是不會有什麼太大的發展的，如果我們認清自己所做的事情是正確的，就要力排眾議，堅持己見，才能看到成功、勝利的曙光。

如果你認為自己所做的事情是正確的，就不要理會別人說什麼，也不用

太過在乎別人的看法，否則只會讓自己一事無成。

　　太過在乎別人的看法，就會失去自己的主觀思想，做事的時候一味依別人的意見走下去，很難擺脫被別人牽著鼻子走的命運。

　　生活中，一旦我們確定了自己的前進方向，就必須義無反顧的走下去，無論別人說什麼，都應該有堅持不懈的心。

　　馬雲作為一個公眾人物，深受廣大人民群眾的追捧，亦或是打擊，可他與眾不同的地方就是 —— 他是個我行我素的人，從來沒有在乎過別人的看法。

　　馬雲 12 歲時開始學習英文，當時中國正值改革開放，很多人對英文的了解還不足，可馬雲卻非常喜歡英文。當時很多外國遊客到杭州去旅遊，馬雲為了提高自己的英文水準，在大街上拉外國人練習英文，在這個過程中，他遭受到了很多外國人的白眼，有些外國人甚至罵他有病，可是他這個不行找下一次，仍舊堅持不懈，正是這種精神，使得馬雲在未出過門的情況下說出了純正的英文，對他日後的事業來說有推波助瀾的影響。

　　到了 1995 年時，馬雲的英文程度已經非常高了，他在浙江省的一個企業裡面做翻譯，而且有機會去美國，也正是因此，他才首次聽到網際網路這個詞，就這樣，馬雲成為了中國第一批投身網際網路行業的人，開始自己的創業生涯。

　　在最初向國人宣傳網際網路時，可以說費盡周折，因為很多人連聽都沒聽說過這個詞語，認為他是個騙子，可這些困難都不足以撼動他創業之心。後來，網際網路以其迅雷不及掩耳之勢發展起來，到了 1999 年時，網際網路概念已經被人們所接受。

　　如今，馬雲回想起當初做網際網路的歷程時，他告訴大家，其實自己對網際網路的了解並不深，但是他能夠感覺到，網際網路一定會影響整個世界，卻沒有想到在人們了解它之後，會發展得如此迅猛。

　　馬雲在中國成功運作起網際網路，正當他的事業快要巔峰時，他的舉動

再次讓眾人不解，為什麼他會堅持 B2B 模式？

很多人都說他的這個舉動太瘋狂了，甚至說他是個瘋子，可就是這個「瘋子」，帶領阿里巴巴走向成功，成為全國最大的電子商務平臺，日營業額高達幾億元。

實際上，從阿里巴巴網建立的那天開始，馬雲就已經下定決心做 B2B，不管外界的潮流是什麼，也不管別人非議什麼，他要做自己認定的事情。

在馬雲看來，中國網際網路界，缺少的就是獨立精神，阿里巴巴擺脫了這種風格，堅持走自己的路。雖然經常有人說馬雲是個「瘋子」、「傻子」，可他卻因此在網際網路界赫赫有名，他有著自己的使命感和價值觀，因此決定了他不盲從的做事風格，也使得他成為讓世人敬仰的傳奇人物。

馬雲曾經說過這樣的話：「不管別人怎麼說，我們不在乎別人怎麼看待我們，我們在乎的是如何看待這個世界，如何按照我們的既定夢想一步一步往前走，這是做企業做任何事一定要走的路。」

從馬雲的這句話中，我們也能看出，只要是認定的路，認定的夢想，就一定要堅持走下去，不應對失敗有所恐懼，奮力前行，定能夢想成真。

風吹雨打不要怕，雨後彩虹更美好

痛苦不僅僅是折磨，還是一種力量，它可以讓人的意志更加堅強，並依靠
堅忍不拔的精神走出痛苦，擁抱幸福。

人從一出生後就開始遭遇磨難，牙牙學語，學走路、吃飯，再到學習知識、學習騎車、工作、談戀愛……每件事情都會有磨難，有挫折，這些挫折會讓我們的生活充滿痛苦。但是人就是如此，一生之中總會伴隨著幸福和痛苦，沒有人可以擺脫痛苦。

生物學家認為，飛蛾在從蛹變成幼蟲的時候，翅膀會先萎縮，沒有什麼力量。而當它要衝破繭的時候，一定要掙扎，而掙扎必定會帶來痛苦，身體中的體液會全部集中到翅膀上，這樣翅膀就有足夠的力量在空中舞動了。

看一則小故事，相信會給你啟迪：

一天，一個小孩看到樹上有繭在動，他感覺很有趣，他知道這隻飛蛾馬上就要破繭而出了，就靜靜觀察繭。

但過了很久，飛蛾都沒有出來，還在繭中掙扎。小孩看到飛蛾總出不來，有些傷心，非常想幫助它。於是他用剪刀在繭上剪開了一點，飛蛾沒費多大力氣就出來了。

然而，這隻飛蛾的身體異常臃腫，翅膀也沒有舒展開，飛蛾只能爬行，無法展翅飛起來，最後它死掉了。

當小孩看到這一幕後，非常難過，但是他卻不明白飛蛾的死正是因為他的幫助。

從這個故事中，我們能看出，飛蛾若想要在空中飛行，必須經過困難的折磨，經過痛苦的掙扎。若是飛蛾沒有經過這一步，不僅不能飛，還會死掉。人也是如此，若是不經過困難的洗禮，他就會十分脆弱，不堪一擊。

馬雲在面對困難的時候表現得就非常好，他說：「作為一個創業者，不經過風浪，就不能達到勝利的彼岸；不經歷風雨，就不能看到彩虹；不經受磨難，就不能成大事。正所謂苦難是所學校，而學的好壞要看自己。只有在磨難中，我們才懂得什麼叫做堅持，什麼叫做勇往直前。就像金庸小說裡寫的一樣，你要歷經磨難才會成為一代高手。」

在馬雲小時候，他的身材非常纖弱，但他經常在同學間打架，因為他愛打抱不平。但這麼瘦小的身材，經過打架後更加瘦弱了，而且還受到了學校的處分。

而在他的學業之路上，磨難更多，中考他沒有考中，高考也落榜了，中考考了兩次才考上一所不是重點的高中，而高考，他經歷了三次，最後考上了大學。一般人在遇到這種情況時，肯定早就不堅持了，但是馬雲仍舊堅持下來了，最終考上了大學。

在大學畢業後，馬雲有了一份很好的工作，就是教師，這份工作是很多

人所羨慕的，但是他不甘於平淡，走上了別人都不看好的創業之路。在創業之路上，馬雲顯然遇到了很多艱難，但是他在最開始就知道要在困難中堅持，在苦難中勇往直前，最後他變成了人們眼中的「神」，擁有了他自己的成功。

事實上，換一個角度來看，經歷磨難是一件很幸福的事情，這是人生的一筆財富，因為克服磨難後，你所收穫的是成功，是喜悅，是財富。在攻克磨難的過程中，你身上的銳氣會越來越少，更多的是沉穩成熟；你的意志也會得到鍛煉，變得堅韌；你的視野也會更加廣闊，變得博學多識；而你的精神層面也會得到提升……總之，在磨難過後，你是一個經過昇華的人。

挫折和困難，人生的寶貴財富

挫折和困難都是人生路上的寶貴財富，如同那句話「不經歷風雨怎麼見彩虹」，不要將挫折、困難看成阻礙成功的因素，應該將其看成是成功的推動力。

在通向成功的道路上，挫折在不斷出現，只有不斷修正，堅持不懈，才能離成功更近一步。

2003 年 12 月 12 日，在媒體拋出了一則報導，關於淘寶網設計不正當競爭的報導，上面指出淘寶網目前推出了「巨獎 POLO 轎車」活動，這是非常明顯的不正當競爭行為，引用相關條例指出淘寶網只有兩條路可以走：一是立即停止該活動；二是老老實實等待相關部門處罰。

但是 12 月 15 日，淘寶網就針對「巨獎事件」召開新聞發布會，依然開獎，一名網友幸運地得到了大獎 —— POLO 轎車。

隨之而來的又是另一場風波，由於淘寶提供獎品超過了規定金額，執法人員要求淘寶網提供大獎真實獎品發票記錄，以備核查該公司是否存在其他違法行為，該負責人認為網路公司廣告存在著一定的隱蔽性，執法單位難以在眾多網站上及時發現問題，類似情況只有在市民舉報後才能被發現。

遭遇媒體報導之後，淘寶網陷入兩難境地，淘寶網表示，雖然推出了POLO創意，可目的是培養出電子商務環境，並不存在盈利目的。馬雲也曾多次在公開場合表示淘寶三年內不打算盈利。他表示，淘寶網在真正走向成熟前，連盈利的模式都沒考慮。

淘寶雖然涉及了不正當競爭事件，對於馬雲來說這是一次挫折，也是財富，經過這場風波，淘寶才能越做越大。

挫折和困難才是人生中真正的財富，它就像一劑清醒劑，當我們不能認清自己和社會的時候，偏離了應有的航道時，它能夠讓人們恢復到正確位置。

實際上，成功就是要不斷經受挫折，不斷修正，堅持不懈。人應該成功，而不是失敗。要知道，跌倒了沒什麼可恥的，它只是另一個成功的開始，挫折和困難只是插曲，應該用正向的心態面對挫折，這樣才能離成功更近一步。

年輕人經常會遭受失敗，可正是年輕時的失敗為日後的成功奠定了基礎，使得一個人的意志更加堅強，最終取得成功。可能只有那些嘗試過失敗之後的人才能明白人生的真諦，那些稍微遇到挫折、困難就一蹶不振的人是不會成功的。

當然，挫折和失敗並不會變成直接動力，一定要運用各種方法才可以將其轉化為成功動力，等到在此遇到挫折、失敗時就能夠依靠這種力量取得成功。下面就來簡單介紹一下將挫折和失敗轉化的方法：

· **轉變目標**：很多時候，挫折和困難如同一面鏡子，能夠照清你的真實面目，讓你認清自己的真實能力。當我們發現自己不能達到某一目的時，應該適當調整目標。挫折和困難如同一名嚴厲的老師，它會對我們自身所犯的錯誤給予嚴厲懲罰，同時為我們提供重新認識、評價自己的機會，只要我們抓住這個機會，就能夠重新走向成功。

- **樂觀心態**：無論我們遇到的是怎樣的挫折和成功，都應該用樂觀的心態堅強地面對，透過自我暗示的方式為自己減壓，及時調節自己的情緒，進行自我安慰，即使自己犯了錯誤，也應該告訴自己，還有重新來過的機會。面對外界的爭議、非議等，應該咬緊牙關、打起精神繼續前行。遭受嫉妒、報復、誣陷時應該堅信自己可以走出困境，不要讓孤獨寂寞將自己打垮。

- **取代轉移**：當我們遭遇到不幸或挫折的時候，可以透過游泳、賞花、登山等方式放鬆身心，沖淡挫折帶給我們的打擊，將自己的注意力集中在能夠讓自己感受到愉悅的活動上面，用這些事情上的成功激勵自己，重新振作起來，發現生命的意義。

挫折面前，用左手溫暖右手

> 挫折一直都在那裡，如果你總是抱怨，表現得很脆弱，挫折也不會消失，
> 與其這樣，還不如振奮精神，克服挫折。

大多數年輕人都知道陳喬恩這位女藝人，隨著她接演的《命中註定》、《笑傲江湖》等電視劇的熱播，陳喬恩的名氣越來越大。但是她如今的成功可以說是非常不容易。在出道早期，她扮演過很多龍套角色，就算在依靠《王子變青蛙》這部電視劇而變成第一位偶像劇收視率破 8 的女主角，但是她也沒有被自己所在的經紀公司重視，在辭職後的一年之內都沒有接戲。

在這種情況下，她也有不相信自己的時候，但是她並沒有放棄，而是堅強地挺了過來，所以才有了現在的偶像劇女王稱號。

陳喬恩說過這樣一件事情：在剛剛來到經紀公司時，老闆總是罵人，不少新人承受不住就哭了，然而她卻沒有。後來她在參加綜藝節目時也對此解釋，她說在老闆罵她的時候，她就一直觀察老闆的臉，然後想他長得真奇怪啊，眉毛怎麼會是這樣，就沒有聽見老闆在罵什麼。她的這番話讓在場的所有人都笑翻了。

在成功的路上，不是只有藝人才會遇到挫折，在商場打拼的創業者更是如此，馬雲就是其中一位。當馬雲遇到挫折的時候，他總是和自己說：「創業艱難時就用左手溫暖你的右手，放棄是最大的失敗。」

如今，看著在商場上叱吒風雲的馬雲，你怎麼也想像不到他以前一直很想到一家公司上班。他曾經到肯德基應聘總經理祕書的職位，但是當即就被回絕了。

馬雲說：「我也抱怨過，但是抱怨有什麼用？我後來把自己變成一個不會抱怨的人。」

在攻克挫折方面，馬雲還很幽默，他說：「我爺爺認為我父親不如他，我父親一直以為我不如他，但是我們一代勝過了一代。許多人抱怨沒有機會，說政府這個不行那個不行。我們看今天的社會，你承認不承認，今天的官員比十年以前更加廉政更加勤勉，今天的企業家比十年前更傑出更能承擔責任，今天的大學老師比十年以前更加專業更有知識，今天的醫院也比十年以前更好……」

不管處於什麼樣的環境，馬雲的態度都非常樂觀，在他看來，既然不能改變環境，為什麼不用另一種眼光來看問題呢？只要你一直保持樂觀，痛苦就會很少出現。創業者在創業的過程中，幾乎很少有人會沒有挫折和困難，每個人都存在一些問題，比如資金短缺、競爭太激烈、優秀人才留不住等，這些問題都有可能會出現。如果創業者遇到一點困難，就垂頭喪氣或向後退卻，創業如何進行下去？

想要清除痛苦，你必須具備兩種條件，第一是樂觀，第二是樂於奮鬥。

當創業資金不夠時，我們應該這樣想：我們之所以選擇創業，就是因為資金不足，而且還有不少企業家還負債呢。

當市場競爭太過激烈時，我們應該這樣想：如果市場不存在競爭，創業還有什麼意思？我們怎樣如何才能給人們留下深刻的印象？只有在激烈的競爭之中，企業才能越來越強大，這樣當危機出現時，企業才能生存下來。

　　當優秀人才留不住時，我們應該這樣想：優秀人才並不多，在企業之中大部分還是普通人，與其花費大量錢財去留住一個不成熟的人才，還不如培養出一批對企業真正有用的人，天才聰穎，但是對待工作很容易自滿。

　　在這個世界上，不管是什麼事情，都不是絕對的。與其沉浸在痛苦之中，不如換另一個角度看事情。馬雲在遇到挫折的時候，就開玩笑，讓自己的心情好起來，「我爺爺認為我父親不如他，我父親一直以為我不如他，但是我們一代勝過了一代。」這句話不僅非常幽默，還能看出馬雲是何等的自信！

　　當創業者在創業不是很順利的時候，應該停下腳步，來看一看事情真的和自己想像的一樣不好嗎？

　　你抱怨員工每天工作三心二意，但是你看看他們所做出來的成績，是不是在一點點變好，他們接待客戶的能力是不是比昨天更強了？你抱怨市場競爭激烈，但你拿出相關資料來看一看，企業的營業額是不是在逐漸上升？當我們看到一件事情時，不要妄下定論，因為事情還有你看不到的一面。當遇到困難時，我們應該盡量往好的地方想。就像馬雲所說的那樣：「我就是這麼走過來的，我沒有任何理由走到今天。唯一的理由是我比同齡人更加樂觀，更加會找樂子，更加懂得用左手溫暖右手，相信明天還會更好！」

收起「小技倆」，傻傻地堅持一次

　　對於創業者來說，永遠要告訴自己一句話：從創業的第一天起，你每天要面對的是困難和失敗，而不是成功。

　　馬雲說：「我做事絕不半途而廢。過來的路上，有很多次打擊讓人絕望，但我沒有放棄。」透過馬雲的這句話，我們可以知道，他之所以能夠成功，就是因為堅持，他相信只要再堅持一下，成功就會到來。

　　在 1992 年，馬雲看到了一個機遇，想要創業。那時，有不少外貿公司需要大量的翻譯人才，但是在杭州卻沒有一家專業的翻譯機構，所以馬雲想

要建立一個翻譯社。

可以說這個機會非常難得，但是現實非常殘酷，馬雲建立這家翻譯社需要不少資金，只是租用一間辦公室每個月就需要拿出一萬多。而這筆費用對於那時擔任老師的馬雲而言，是一筆不小的負擔。

針對此事，不少人都奉勸馬雲，當教師安穩過日子吧，但是馬雲並沒有知難而退。他憑著自己那三寸不爛之舌，勸服了幾個人，他們湊了一些錢給馬雲，最後杭州第一家翻譯機構建立成了，名字叫做海博翻譯社。

翻譯社在開張後，馬雲非常興奮，但是隨之而來的困難卻擺在了眼前。這家翻譯社剛剛建立，人們不知道翻譯社的翻譯能力有多高，不敢將手中的檔案放心交給它。在第一個月，海博翻譯社所有的收入還不夠一個月的房租，與馬雲一起創業的人都放棄了。

然而，馬雲卻不想放棄，在翻譯社虧損很大的情況下依然經營著。翻譯社一直沒有盈利，馬雲為了能讓翻譯社繼續做下去，平時批發很多小商品，到各處推銷。不管遇到什麼樣的天氣，他每天都背著一個大袋子，這期間，不僅很辛苦，還總是遭遇他人的白眼。

馬雲用推銷小商品得到的收益維持日常生活和翻譯社的運轉，這樣的事馬雲一直做了三年，等到 1995 年時，翻譯社才出現盈利。在這之後，翻譯社的發展越來越好。直到 2011 年，海博翻譯社成為了杭州最大的專業翻譯機構，馬雲成功了。

在經過很多年後，馬雲再次來到海博翻譯社，題寫了幾個字：永不放棄。後來，「永不放棄」這幾個字被放在了海博翻譯社的網站首頁上，作為警語。

實際上，當人們看到馬雲為了經營總是虧本的翻譯社而去滿大街推銷東西時，肯定認為他是一個「傻瓜」，而認為那些放棄和馬雲繼續經營翻譯社的人是「俊傑」。但是，怎樣才是真正的聰明呢？遇到困難就馬上撤退嗎？這種人只能說是小聰明。

在創業的過程中，怎麼可能會一帆風順，沒有困難呢？若是這樣，每個

人都是百萬富翁了。如果遇到小挫折就臨陣脫逃，不堅持下去，永遠也看不到風景的盡頭，不能獲得成功的愉悅之感。

而馬雲雖然表面看上去很傻，實際上這是一種大智慧，若是在創業剛開始的時候就做好了遇到困難的準備、失敗的準備，當挫折真的到來時，才能淡定自若，勇敢地攻克挫折。

在 2007 年，阿里巴巴在香港上市了，不少人都在想，阿里巴巴最後會變得怎樣富有。馬雲面對這樣的猜想，只說了一句：「阿里巴巴很多員工會變得很富有。」

馬雲口中所說的「很多員工」，主要所指的是一直隨著馬雲拼搏的創業團隊。在阿里巴巴上市後，不少老員工都變得非常富有，有的甚至成為了千萬富翁。這些員工與阿里巴巴走了很長時間，從沒名氣、沒資金、沒人相信電子商務的時候一直走到了成功。那時很多人不願意到阿里巴巴工作，可以這樣說，只要是在街上會行走的人，都招聘來了。

在阿里巴巴成功之後，那時沒有放棄阿里巴巴的員工大部分都非常富有。而那些在阿里巴巴艱難時期離開的員工，仍然在尋找高薪工作。他們並不是沒有能力，而是太「聰明」了，而且還是小聰明。

有不少創業者都不能像馬雲那樣，將自己的最初創業的熱情堅持到底，遇到困難和挫折，熱情就被澆滅了。雖然堅持一點點可能不一定成功，但是不堅持，就絕對不會成功。所以，創業者不如像馬雲那樣，在創業艱難時期，「傻」一回，堅持到底。

失敗不可怕，放棄才是「致命傷」

今天很殘酷，明天更殘酷，後天很美好，但是絕大部分人是死在明天晚上，只有那些真正的英雄才能見到後天的太陽。

鮮嫩的小草在經歷嚴寒的冬季後，沒有消失而是更加堅強，破土而出，而一個人在遭遇過風雨的擊打後，只要能堅持下去，煎熬一段時間，也會

和小草一樣迎來暖春。若是在面對困難的時候，你就退縮了，怎麼可能會成功呢？

在創業之路上，大部分創業者都沒有堅定的信念，遭遇一些挫折就垂頭喪氣，被困難折磨得非常痛苦，但是就在快要迎來成功的時候，他們卻放棄了，不再繼續奮鬥了。若是他們再堅持一點點，成功就會屬於他們。無論做任何事情，堅持都是成功的一個很重要的因素。

在 1995 年，馬雲創立了中國黃頁，但是他所遭遇的困難並沒有減少。在那時，網際網路還沒有在中國出現，人們根本就不認識網際網路。雖然馬雲踏實地做生意，向大家宣傳網際網路，然而他沒有得到大家的認同，甚至還被人認為是騙子。

在幾個月的艱苦奮鬥後，馬雲做成了幾筆生意。但是公司的狀況並沒有得到改善，中國黃頁堅持下去太難了，所以馬雲一直沒有放棄尋找資金。

在 1995 年下半年，有五位來自深圳的老闆專門找到馬雲，表示自己願意拿出 80 萬元，代理中國黃頁。聽到這一消息後，馬雲非常高興，沒有經過深思熟慮就將自己的技術支持全都拿了出來。馬雲著急解決資金問題，就讓幾位技術人員到他們的公司建立系統，在這之後，這五位老闆同意與馬雲簽合同。

但三天後，馬雲沒有收到任何消息。後來觀看這幾個人的新聞發布會，才得知自己遇到了騙子，他們所展示的東西和中國黃頁沒有絲毫差異。

在這種情況下，馬雲並沒有頹廢下去，而是決定堅持下去，慢慢摸索公司的發展方向。上天還是眷戀肯努力付出的人，最終馬雲創立了中國第一大網路公司。

透過馬雲這則故事，我們可以知道，馬雲的成功多半來自堅持不懈，永不放棄。當他被人當成騙子時，他沒有放棄自己的夢想，堅定不移；當自己無法說服客戶時，他一次次努力勸服，不放棄，最終讓客戶點頭；當他上當受騙時，他也沒有放棄，堅信自己會成功。

　　若是沒有堅定的信念，永不放棄的精神，馬雲早就被擊垮了。從他的經歷可以看出，他的創業之路是非常坎坷的，困難重重，阻撓重重，若是普通人，早就放棄了，而他不是普通人，他一直在堅持，所以，他的結果和普通人不一樣。

　　在人生之路上，創業也好，生活也好，想要明天更加美好，不管遇到什麼情況，都應該堅持不懈，永不放棄，這樣你就失去了擁抱美好明天的可能。

成功，大多是時間「熬」出來的

> 一個人認為自己能有所作為，只不過是認知的起步。他必須經過幾個星期、幾個月、幾年的不懈努力或付出畢生精力，才能克服一切不利因素，在挫折中奮進，最終實現理想。

　　每個成就偉大事業的人都是個理想家，他們能夠憑藉自己的想像力、能力、毅力將一件事情做成功，在這個過程中，對理想的執著程度，以及他們所付出的努力之間的關係非常密切。

　　回首阿里巴巴創業的歷程時，馬雲指出企業創新發展經驗，最重要的就是：堅持自己的理想。

　　馬雲認為，一個人無論做什麼，都應該堅信自己所做的事情一定會成功，堅信自己的選擇是正確的，相信自己的直覺。

　　阿里巴巴從建立的那天開始，馬雲便開始被咒罵聲包圍的日子。

　　但是馬雲不在乎別人的謾罵聲，因為他堅信：你說的都是對的，別人都認同你，那還輪得到你嗎？你一定要堅信自己在做什麼。

　　最初的幾年之中，很多人不看好阿里巴巴的 B2B 模式，可馬雲並不在乎外界人士的看法，他只是憑藉著自己的感覺做事。馬雲認為，別人越是不看好、不敢做的事情，他就越是要做得出奇不意給別人看看。

　　在馬雲看來，雖然在走電子商務的最初三、四年，甚至五、六年賺不到

錢，但是堅持十年八年就一定能賺到錢，因此他堅持將錢投入電子商務之中，直到今天，所有人都看出馬雲的這個決策是正確的。在誘惑和壓力面前，他沒有放棄過。

不但外界人士對阿里巴巴模式產生懷疑，就連阿里巴巴的投資者也曾質疑過阿里巴巴模式。馬雲一邊說服他們，一邊在實踐中做出成績，使得投資者們心服口服。

雖然有很多投資者並不明白馬雲要做什麼，和他爭吵，甚至打賭看馬雲所說的話不能兌現，但結果馬雲都一一兌現，到了第七年，沒有人再和他爭吵或打賭了，因為大家都知道，只有他說出來的，就一定能夠兌現。

實際上，這就是一種成功，雖然這個過程是漫長的，可只要我們有一顆甘於寂寞的心，勇於奮鬥，在等待的過程中不斷奮進，就一定會成功。

成功，大多數時候是「熬」出來的，肯熬、敢熬、熬過去的人才能真正抓住成功，掌握成功，展示成功！

每一次成功，都可能會迎來下一次失敗

當我們在得到一個階段性的成功時，不能得意忘形，要沉靜下來思考，想一想這個成功會有哪些隱患，會不會造成自己下一次的失敗，並告訴自己要淡定，不可自滿，失敗才會逃之夭夭。

通常情況下，當一個人在失敗之後，總會認真反思自己，是不是在哪些方面做得不好，我們在反省時可以得到很多體悟，使自己離成功更近一些。但人們在付出很多努力，最後擁抱成功時，就會容易驕傲，享受著自己先前取得成功的喜悅，將自己之前所經歷的失敗徹底忘掉，最後導致失敗。

馬雲說：「人們都說失敗是成功之母，正是因為人們從失敗中接受教訓，不斷總結經驗，才漸漸走向成功。其實，成功有時也會導致失敗。如果有人在某一件事上成功了，結果卻會因此而沾沾自喜，不思進取，日漸平庸，最終導致失敗。」確實如此，成功不易，但是失敗卻是非常容易的，只要你有

一絲一毫的驕傲自滿，失敗就會找上門來。

那麼，馬雲是怎麼領悟到「成功可能會導致下一次失敗」的呢？這要從他自身的經歷來說。

在 1997 年 10 月，一天，馬雲意外結識了王建國，他是國貿局的，在很久之前，他就聽說過馬雲是何等風雲人物，在這之後，他邀請馬雲加盟中國國際電子商務中心。

在經過仔細思考後，馬雲決定北上，而且 EDI（公司之間的標準格式商業文件通訊）的業務和馬雲的電子商務發展有著不錯的關係。就這樣馬雲和他的團隊來到了北京。

在北京停留了一年多的時間，馬雲與自己的團隊推出了很多網站，比如網上中國技術出口交易會、網上廣義會、中國招商、網上中國商品交易市場。在此期間，馬雲有機會與雅虎合作。

透過閱讀以上內容，你可能就會認為馬雲和自己的團隊已經成功了。沒錯，他們每個人的薪水都很可觀，而且他們異常團結，每個人也非常高興。但是，大家好像只沉浸在自己的喜悅之中了，只有馬雲是清醒的，他發現不是在經營自己的公司，而是經營政府的公司。

在這裡，馬雲的待遇並不低，但是他知道，自己與其他打工的人並無兩樣，只是自己的薪水高了些。他覺得自己之所以北上，是為了創業，而不是打工。時間一點點流逝，若是再這樣下去，馬雲就會失去創業成功的大好機會，所以他選擇了離開。

雖然馬雲的員工並不清楚他為何這樣做，但是沒有任何疑議就跟馬雲走了。而這次北上，也不得不說是一次失敗。

從馬雲的這段經歷來看，看似是很成功的，但是他浪費掉了自己的時間為別人打工了，這不得不說也是一種失敗。所以，馬雲覺得「在成功之後也許都會迎來失敗」。

沒錯，人們在得到所謂的成功後，很容易沉浸在快樂之中，但是，你真

的成功了嗎？達到自己的目標了嗎？俗話說：「人無遠慮，必有近憂。」

痛苦之中需要堅持，即便「死」去也快樂

> 人在攻克一個個困難時，他能得到滿足和歡樂，當他死去的時候，就不會
> 有所遺憾，便得到了真正的快樂。

創業者在創業時期，應該用什麼態度來面對工作呢？對此，馬雲是這樣說的：「我覺得創業者要知道這樣的境界：痛苦堅持，快樂死去。」在很多人看來這句話非常矛盾，為什麼堅持下去很痛苦，最後還能得到快樂呢？

馬雲說，這是一種境界，平常人很難做到這一點，你可以看到一大批曾經飽含熱情的創業者在創業艱難時期放棄了，所以他們就沒有得到長久的歡樂。那麼，究竟有沒有人能做到馬雲所說的那種境界呢？當然有，馬雲就是其中一位，他是怎樣做到的呢？

只做自己有把握的事情

馬雲之所以最後能獲得成功，其中一個原因就是對於自己不熟悉的事情，他從來不做，只做自己有把握的事情。

馬雲在第一次創業的時候，創立了一家翻譯社。他之所以會選擇這條道路，是因為馬雲就是教英文的。馬雲的愛人曾經幽默地說：「馬雲說夢話的時候都很少講國語，80% 的時候都是用英文。」因為馬雲對英文非常喜愛，而且還非常熟悉，所以他選擇了創立翻譯社。

之後，馬雲建立了阿里巴巴。你可能會說馬雲並不了解電腦，這不是馬雲有把握的事情，但是馬雲非常熟悉電子商務。他在不做教師之後所從事的第一個工作就是創辦中國黃頁。他的任務就是將客戶所需要的資訊傳達給技術部。簡單來說，他所做的就是將網際網路推廣出去，讓人們清楚網際網路，從而使用中國黃頁。

雖然中國黃頁最後並沒有成功，但是卻讓馬雲產生了網際網路創業的想

法，還讓馬雲更加了解中國的電子商務市場，這樣才有了如今的阿里巴巴。

在馬雲看來，創業就應該從自己最熟悉的行業開始做，這樣才能最大限度地減少創業上的困難。因為熟悉，所以對自己所從事的很了解，這樣做起事情才會更容易，創業路上的困難才會相對少一些。

創業者在選擇在哪個行業創業時，應該仔細考慮，不可盲目，更不能被多種機遇誘惑，自己應該清楚在哪方面比較熟悉，然後制定出一個適合的盈利模式，最後堅持下去就好了。

所做的事情要對所有人有利

一次，阿里巴巴中一個員工的妻子發送了一封郵件給馬雲，請求馬雲將公司早上上班的時間調晚一些，因為她發現她的丈夫每天都沒有太多時間休息。

馬雲在看到這封信後，感覺非常受不了。在阿里巴巴之中，馬雲並沒有給員工的上下班時間做出明確的規定，員工只要將手中的事做完，就能下班。之後，馬雲調查這位妻子的丈夫，發現他加班是自己願意的，但是卻沒有想到給家庭帶來了不好的影響。

因為這件事情，馬雲覺得很擔憂，在情人節將要到來的時候，馬雲發了一個帖子，題目是「記得給你愛和愛你的人送去問候」。帖子的主要內容為：「我覺得阿里巴巴最佳的作品應該是我們朝氣蓬勃的公司員工。一批每天能把工作後的笑臉帶回家人，第二天能把生活的快樂和智慧帶回工作的人……我希望公司員工是一批有夢想，有熱情，幹練但很會生活的人……我也非常討厭那些只會拼命工作但毫無生活情趣的人（猶如一臺臺的機器）……為了我們自己，為了我們的家人，為了讓阿里巴巴真正的健康發展，請『快樂的工作，認真的生活』吧。」

在創業的路上必然充滿了各種艱難困苦，我們只有攻克它們才能成功。但是，在攻克困難的時候，應該首先考慮到不危害自己健康，更不能危害家

庭和諧，否則不僅不利自己，還不利他人。否則當你成功的那一天，雖然你擁抱了財富，但是你的愛人和孩子都不理解你，認為你忽略了他們，在得到成功的同時也感覺不到幸福，這並不是創業的宗旨。

　　創業者在創業的時候，應該留出一些時間給自己和家人相處，讓自己在休息的同時獲得更多的力量去工作，這樣你在創業的路上就不會感覺太過辛苦，因為你不是孤單一人在奮鬥，你的身後有一個家庭在支持你。

保持樂觀的態度

　　在這個社會上，不是哪裡都有公平，當不公平的事情發生在自己身上時，就會感覺非常委屈，若是太過消極，情緒就會影響工作。

　　若是創業者出現了這種情況，應該馬上進行排解，將自己的注意力放在另外一件事情上，讓自己開心起來，比如購物，和朋友玩，去公園散心等。

　　對於創業者而言，這條艱辛的路需要自己去走，沒有人能夠代替，而且你只有不斷向前，努力工作，快樂生活。當你真的到達成功的終點時，你就會覺得經歷這段曾經艱辛的道路是值得的，因為你得到了滿滿的快樂。

第四章
勇於競爭，在成功之路上披荊斬棘

競爭對手，也可以變成合作夥伴

對手死了，你一定活不好，一定需要有一個對手，才會發展得越來越好。

馬雲非常喜歡挑戰強者，也不害怕競爭，但這並不意味著他不會和競爭對手合作。

2006 年，淘寶和 eBay 在中國的競爭尚未分出勝負，一則消息引起了人們的注意，就是雅虎和 eBay 建立了為期數年的合作關係。這個消息讓這場商場之戰有了變化，因為當時雅虎已經被阿里巴巴控制住了，並且雅虎以 10 億美元的資金投資阿里巴巴，擁有阿里巴巴 40% 的股份，所以市場分析者懷疑阿里巴巴旗下的淘寶會在和 eBay 競爭的過程中受到雅虎介入的影響。

而馬雲卻表示二者的合作並不會干涉到淘寶發展，雅虎在阿里巴巴扮演的是投資者的角色，決策權在阿里巴巴身上，並且雅虎中國是獨立法人實體，美國雅虎合作並不會影響中國業務。

實際上，馬雲參與促成雅虎和 eBay 的合作，雅虎和 eBay 已經解除了一段時間，馬雲在其中扮演了搭橋角色，在他看來，在競爭中合作是未來網際網路發展趨勢。

馬雲希望繼美國之後，中國市場也可以進入這種狀態，馬雲從未排斥過阿里巴巴和競爭對手之間的合作，在他看來，淘寶和易趣、百度、Google 都存在合作的可能性。

確實，商業社會之中全球壓力日趨增大，市場上要求企業不斷加速創新，在這樣的大環境之中，短兵相接的競爭對手也能夠在不損害各自競爭優勢的前提下結成同盟。

經過合作，雙方能夠共同分擔商品開發、成品成本以及經營風險等，進而獲得足夠大的規模和足夠多的利益，共用資源、人才，能夠更加迅速走向市場，推出具有競爭力的產品或是和更大的競爭對手抗衡。

其實市場上有很多這樣的例子，新東方在和美國的 ETS 打官司之後爭取

與之合作的關係，才會發展得更加壯大，獲得考前試題的專利;而有些企業，卻時刻想著獨占市場，不與人合作，最終走向失敗。

Beta 為臺灣錄影機市場兩大系統之一，另外一大系統為 JVC 公司的 VHS 系統，前者為新力公司發明，占據著電子技術的重要位置，可正是這個發明，讓新力公司摔了個大跟頭，輸給對手 JVC 公司。

自從新力公司發明錄影機系統後，想要壟斷錄影機市場，不給對手留餘地，堅持不和對手分享技術。

新力公司壟斷了技術，導致短時間內的行業壟斷，為新力公司帶來了巨大利潤，JVC 公司的 VHS 系統根本不能和新力公司抗衡，產品品質和技術都明顯落後於新力公司，正是這種局面使得 JVC 公司決心開發新系統，打破新力公司壟斷地位。

JVC 透過公開技術的方式和其他大公司合作，因此在他周圍聚集了一支龐大的技術隊伍，世界其他電子公司技術 JVC 公司也可以分享，所以世界上採用 VHS 規格系統的公司逐漸增多，新力公司變得孤立無緣。

新力公司看出形勢對自己不利後如果立即和其他公司合作，雖然自己會承受一部分損失，但並不會一蹶不振，並且還能夠將自己的技術優勢發揮出來。新力公司卻沒有這樣做，它決定這樣堅持下去，於是奮力抵抗 JVC 公司 VHS 系統，為達目的，將鉅額款項投資廣告之中，它的技術水準越來越高。但是消費者習慣了 JVC 產品，更改習慣談何容易，就這樣新力公司徹底失敗了，在 1988 年放棄固守，加入對方行列。

切記，勇於競爭可以，但是不要讓自己陷入無謂的競爭之中。如果與競爭對手的合作能夠讓你獲利更多，能夠讓企業更好發展下去，為什麼不合作呢?為什麼要硬撐呢?就像馬雲的合作那樣，與對自己企業有利的企業合作是一種智慧，要記住，商場之上，沒有絕對的敵人，也沒有絕對的朋友，但利益是絕對的!

競爭，如同雕琢璞玉的刻刀

那些經營不好、綜合能力不強的創業者，極有可能會被淘汰掉，而那些擅於經營企業、與市場需求相符的人，才可以在競爭中屹立不倒。

在商場之上，人們可能都會畏懼競爭，因為有競爭就意味著有勝者和敗者。但實際上，存在競爭是一件好事，因為競爭的存在，創業者們會為了生存，而不斷提升自己的能力，讓自己的效益更高。俗話說：「勝者為王，敗者為寇。」若是企業與企業之間不存在競爭，經營就沒有優勝劣汰之分，若是沒有這一點，做生意的樂趣在哪裡？

馬雲說：「競爭者是你的磨刀石，把你越磨越快，越磨越亮。」在馬雲看來，競爭者就是一塊磨刀石，而自己則是一把刀，經過在磨刀石上反復磨，刀才能更加鋒利，而自己才能脫穎而出。

一次，有人問了馬雲一個問題：「阿里巴巴最大的對手是誰？」

馬雲說：「是沃爾瑪，阿里巴巴做的事情其實與沃爾瑪有相似之處。」

向馬雲提問的人糊塗了，沃爾瑪不是一家售賣生活用品的百貨公司嗎？阿里巴巴與網路有關，怎麼和沃爾瑪能有所牽連呢？原來，沃爾瑪實際上和一些貿易型公司之中存在買賣交易，但大部分是和生產廠商直接交易。沃爾瑪選擇所有的交易過程都自己去完成，所以採購成本、管理成本、交易成本都不低，但是傳統供應鏈的低效率和多級加價讓沃爾瑪得到了利潤。

在看到這一現象後，馬雲認為：「沃爾瑪的採購和銷售鏈條其實完全可以放在網上，阿里巴巴涉足產業鏈恰恰是要提高傳統供應鏈的效率。這樣就可以增加原始廠商的利潤，降低沃爾瑪的壓榨。」

在馬雲看來，中國幾個大管道商對製造商所施加的壓力非常大，使得製造商的利潤只有3%，而大管道商的利潤卻比這多很多。所以馬雲想要在廠家和經銷商之間建立一種機制，改善這種狀況。

所以馬雲構思了一種從來沒有人做過的模式，就是將阿里巴巴的買家與

賣家召集到淘寶拍賣網站上來，讓賣家將自己的產品批發給消費者。意思就是說，賣家可以將自己的銷售部門、人事部門、財務部門都放在阿里巴巴這個平臺上，讓阿里巴巴成為一個虛擬的商務國家，不僅有自己獨立的運行體制，還有自己的貨幣、自己的規則制度等。

就這樣，B2B 和 C2C 相接在了一起，出現了一種新型模式 ── B2C，阿里巴巴在網上做起了零售。在這之後，有不少中小型企業都在阿里巴巴上開設了自己的網上店鋪。在 2006 年年底，淘寶網上註冊的用戶已經在 3,000 萬以上了，平均每個人的消費額為兩千多元，總額在 676 億元以上，這比沃爾瑪全年在華營業額要多很多。

若是從表面上觀察阿里巴巴和沃爾瑪這兩個公司，我們並不能發現它們所存在的競爭。但是「火眼金睛」的馬雲卻發現了這個潛藏在暗處的競爭對手，並與其正當競爭。馬雲想要打敗沃爾瑪，所以他提出了一種新模式，就是 B2C 模式。透過這一創舉，阿里巴巴打敗了沃爾瑪。

透過馬雲的事蹟，我們可以看出，阿里巴巴之所以會有今天的成功，絕對離不開沃爾瑪這一競爭對手。阿里巴巴就是一塊璞玉，而沃爾瑪就是一把刻刀，它讓阿里巴巴變成了一塊珍貴的玉器。

因為有競爭存在，人才能不斷進步，作為阿里巴巴的創始人，馬雲認為，若是不讓員工們知道強大的競爭對手是誰，他們就會失去工作的動力，最終的結果就是一直倒退，被市場淘汰。

作為一名創業者，不要認為競爭是可怕的，應該向馬雲那樣，將競爭化為動力，將企業越做越好。

潛心修煉，有實力之後再嶄露頭角

自己的實力還不足，或者是時機尚未成熟的時候，應該想方設法將自己的「頭角」埋起來，不能讓自己露出，應該韜光養晦，暗中修行，避免陷入無謂的競爭之中。

競爭的過程中，成功者之所以可以成功，很大原因是因為他們蓄勢待發、伺機而動，自己的實力還沒有成熟時，他們是不會輕舉妄動的，同時還會盡量避免無謂的競爭。

馬雲認為，有些事情可以挑釁，有些事情卻不能，要等到你有了實力之後再叫板，你要挑釁易趣叫板你已經具有了實力。

就像過去習武的人那樣，只有他在認為自己的實力已經足以與對方抗衡的時候，才會到對方的門口叫囂。

馬雲曾經對幾個年輕人做了一個測試。馬雲和幾個副總裁坐在辦公室裡面，然後叫他們一一進來，他們從來都沒想過有這麼多高管在裡面，嚇了一大跳。於是馬雲分別對他們說：「現在要派你去做一件事，要離開杭州，離開公司，你不能告訴你的朋友，也不能告訴你爸爸媽媽去做什麼了，但是你要離開公司，你願不願意做這件事？」對方的回答都是：「願意。」

而且馬雲還有更過分的要求，讓他們簽署一份全是英文的合同，並且讓他們簽字後 10 個月內不能透露任何風聲，同時闡明這份合同上面的內容不但沒有好處，還有很多壞處，簽署之後就意味著要離開公司，加入新公司。馬雲說：「新公司你現在也不能知道，也不能告訴別人，你簽不簽？」即便是這樣，這些人也紛紛簽了字。

就這樣，這七八個人搬到了另一個地方辦公，每天晚上，馬雲都會過去和他們討論。淘寶剛出來的時候，他們都要湊產品，每個人必須在家中找出 4 件產品，他們翻箱倒櫃，一共找出 30 件東西，之後你買我的，我買你的，製造人氣。如今，淘寶上已經有上千萬件產品，而第一天的時候只有 30 件，並且是馬雲的員工家中的東西。

那時候，馬雲把自己的手錶都放上去了，沒過多久，阿里巴巴的員工寫了篇文章，讓阿里巴巴高層提高警惕，有家公司可能成為阿里巴巴的對手，那家公司的名字叫 —— 淘寶網。文章中提到，淘寶網雖然很小，卻非常有威力，想法新奇，構思與阿里巴巴相似，並且阿里巴巴的員工有人用 IP 地址

測定這家公司就在杭州，在阿里巴巴附近。同年 7 月 10 日，馬雲不得不公布，淘寶網是阿里巴巴所有，公布這則消息的時候，阿里巴巴全體員工都在歡呼。

有時候，想要達到某個目的，不得不關門造車，太過招搖，就會成為被關注的對象，過早暴露出自己的欲望，對手的關注度就會更高，消耗的精力、財力大增。如果以一種無所謂、坦然的姿態暗中增加自己的實力，獲勝的機會會更大。

馬雲經常說這樣一句話：「大象很難踩死螞蟻。」想必這句話大家非常容易理解，只要你隱藏的足夠好，是很難成為目標的，一定能夠存活下來。綿羊為什麼容易受攻擊，因為它們目標暴露的太過明顯，雪白的羊毛，顯眼的身材在綠草地上無疑是目標。

想要造就出優秀的企業，並非瞬間打敗所有對手，而是形成自身獨特的競爭優勢，建立起自己的團隊、機制與文化。

馬雲終究會退出阿里巴巴，但是離開之前，他會努力將阿里巴巴、淘寶網的競爭優勢充分發揮出來，將企業成長機制建立起來，等到那個時候，無論是誰領導阿里巴巴，都已具備足夠強的實力了。

其實，我們真正的競爭對手是我們自己，因此沒有必要將過多的心思放在競爭對手身上，要潛心研究明天、研究自己、研究用戶，一路向前看。只顧著研究對手，將過多的時間和精力放在對手身上，只會讓你得不償失，喪失自己的強項。

強者心態，讓你成為競爭中的強者

和對手競爭的過程中應該有足夠的自信，沉著冷靜，我們允許自己被對手擊敗，但是一定要掙扎著爬起來再戰，身體可以被對手擊垮，但精神一定要長存，始終如一地保持著堅強的心態，只有這樣，才能最終變成強者。

馬雲曾說過這樣一句話：「心中有敵，天下皆為你的敵人；心中無敵，

則無敵於天下。」馬雲作為中國網際網路領軍人物，有其獨有的競爭氣質，網路上流傳著他說過的一句話：「光腳的永遠不怕穿鞋的。」

他從來都不按照常理出牌，面對 eBay 這樣強大的對手時，他建立淘寶，發起挑戰，而並非逃避或退讓；競爭的過程之中，他身先士卒，藉著淘寶這個剛剛起步的平臺打敗了 eBay。

現實生活中，我們經常會看到一些人，一天到晚就知道抱怨，將自己的失敗歸咎到外界，甚至認為是別人影響到了自己成功的機會，或是認為自己生錯了年代，整天怨天尤人，甚至走向極端，開始報復社會、報復他人，不但給自己造成了傷害，還會對社會產生不良影響。

強者從來都不會怨天尤人，他們沒有抱怨的理由，他們可以坦然面對事實，透過努力實現理想，不需要依靠別人，也不需要別人的憐憫。

而弱者呢？他們在被打敗的時候到處哭訴，控訴對方品德如何敗壞，行事諸多不良等，將自己的對手說的一無是處。強者會依靠自己的力量解決問題；弱者卻會依靠別人的力量解決問題。強者在失敗之後會尋找失敗的原因，責備自己的失誤；而弱者會找出很多藉口為自己開脫。

和同行競爭的過程中不能害怕失敗，有了害怕的心態，不敗也敗了，其實輸贏是無所謂的事情，輸了還可以從頭再來。但是如果心態放不開，就只能一蹶不振了。

二人博弈，如果雙方棋藝相當，贏的一定是心態好的那一方，輸的一方要麼浮躁、要麼求勝心切。

有膽識，莫不可被強者嚇到

在遇到強大的對手時，不要只想著對方如何強大，因為再強大的競爭對手也會有弱點，只要你冷靜下來，仔細分析，就會發現其弱點，然後對此進行攻擊，就會戰勝這個表面強大的敵人。

在創業之路上，有不少創業者在遇到比自己實力強的競爭對手時，就會

感覺自己沒有能力打敗對方，所以在競爭還沒真正進行時，就已經被對方打敗了。想要成為一位真正的創業者，必須要有一個強大的心理，否則就不可能成就一番偉業。

馬雲說過一句話非常經典：「光腳的永遠不怕穿鞋的。」而他在商場之中確實是這樣，當遇到強勁的對手時，他並沒有因此而被嚇倒，也沒有氣餒，更沒有逃避，而是勇敢面對對手，與對手「廝殺」，若是沒有這樣的精神，阿里巴巴也就沒有今天的輝煌了。

2003 年，國內的 C2C 市場上最厲害的是易趣，美國 eBay 公司是 C2C 領先，還將易趣收購了。雖然馬雲在那時在 B2B 是全世界的大哥，但是由於他還沒有站穩腳跟，所以在淘寶剛剛建立時，eBay 就宣布，要在 18 個月內讓淘寶消失。

就這樣，馬雲遇到了一個強勁的競爭對手，但是他並沒有害怕或逃避，而是用冷靜的態度對待。他知道國內 C2C 三大強者的優點是什麼，易趣在中國出現的時間最長，可以說占據了「天時」；雅虎和新浪合併了，可以說占據了「地利」；淘寶則有團結一致的隊伍，可以說占據了「人和」。

在弄清這一問題後，馬雲開始調查客戶對 eBay 易趣最大的不滿在哪裡，最後得知客戶非常厭惡 eBay 易趣的收費問題，比如店租最少 50 元、倉儲費、交易傭金、商品登陸費等，事實上，收費也是合理的，因為那時的個人電子商務公司主要的盈利就是來自會員費用。

看到 eBay 易趣所存在的問題後，馬雲就針對此在淘寶上實行了免費策略。在這一策略剛剛出現後，淘寶會員的人數和成交額直線上升，而且這個競爭，淘寶變得更加強大了。

想要徹底打敗強大的競爭對手，馬雲覺得僅僅這樣做是不夠的，所以他發出命令，淘寶在三年之間不可以盈利，而且一直堅持不收費。因為免費，淘寶很快就得到了很多賣家的歡迎，甚至將一些在 eBay 易趣上做得很出色的賣家也吸引過來了。

　　但是馬雲並沒有被勝利衝昏頭腦，驕傲自滿，而是貫徹免費，而且還要求員工認真對待，不要因為免費就降低服務品質，甚至他要求員工做得比收費的還要好。

　　馬雲將 eBay 比作海中的鯊魚，將淘寶當做長江中的鱷魚。他說，若是鱷魚在大海中和鯊魚廝殺起來，鯊魚肯定會將鱷魚殺死，而若是將鯊魚放在長江之中，鱷魚肯定是贏家。

　　在 2003 年 10 月，一個專門確保在淘寶上致富安全的工具產生了，就是「支付寶」。在很多人眼中，有了支付寶，買東西就有了保障。此時，馬雲大聲說「你敢用，我就敢賠」。在支付寶的後面，有著非常強大的管理和技術支援，讓人們在線上支付時的安全隱患消失了。支付寶的出現是電子商務發展的一個里程碑。

　　透過馬雲本人和其團隊的刻苦鑽研和努力，eBay 易趣不僅沒有將淘寶驅逐，還被淘寶打敗了。

　　透過馬雲的這個故事，我們看到了馬雲在面對強大競爭對手時的沉著冷靜，看到了他的勇氣與智慧。他分析競爭者的優勢和自己的優勢所在，並針對對方的劣勢進行攻擊，最後使還沒站穩腳的淘寶戰勝了實力強大的 eBay。可以說，馬雲是非常有膽有識的。

　　在創業的過程中，若是遇到強大的競爭對手，可以和馬雲一樣，勇敢面對，逢敵亮劍，就可以打敗對手。

　　此外，在商場之中，創業者應該有一種強者心態，雖然目前你可能還不是很強大，但是總有一天，你會成為真正的強者。

對手當前，必先知己知彼

> 知己知彼，百戰不殆；不知彼而知己，一勝一負；不知彼，不知己，每戰必殆。

　　也就是說，在打仗的時候，不僅清楚敵人的情況，還清楚自己的情況，

打多少場戰爭都不會失敗；不清楚敵人情況，只清楚自己的情況，勝敗的可能性是一半一半；不僅不情況敵人的情況，還不清楚自己的情況，肯定會失敗。這一點不僅在軍事上比較適用，在其他領域也適用，比如公司競爭上。

在打球賽的時候，教練都會先研究對手的打球風格，針對這一點部署自己的打球陣勢，在此基礎上打球，贏的可能性就提升了很多，這種方法就是知己知彼。

我們知道，淘寶網在馬雲的帶領下打敗 eBay（線上拍賣及購物網站）了。他成功的一個關鍵因素就是清楚競爭對手的情況，他本人也說過：「我們與競爭對手最大的區別就是我們知道他們要做什麼，而他們不知道我們想做什麼。」

在馬雲還沒有行動時，在很長的一段時間內，他就一直觀察著競爭對手的舉動，就像他所講的，他們已經清楚分析競爭對手的資料，就連管理手段、特點都瞭若指掌。馬雲說，因為 eBay 是一家上市公司，但阿里巴巴卻不是，eBay 的董事長惠特曼（Meg Whitman）對淘寶的了解都沒有他對 eBay 了解得多。

在這場商業戰爭之中，馬雲除了清楚了解了對手，還清楚自己的優勢和劣勢。就這樣，在知己知彼的情況下，馬雲在淘寶和 eBay 之間的競爭中，信心十足地將對方打倒。

實際上，在商業競爭中，不只是馬雲一人，所有創業者都是一樣，透過準確了解競爭對手的實力，再運用適當的應對方法，便可以將對方擊敗。那麼，究竟應該如何做到知己知彼這一點呢？

第一，你需要認識自己，對自己有全面的認識，不僅要清楚自己的優點，還要了解自己的缺點。優點和缺點是在競爭中逐漸變化的，只有在競爭的時候，我們才能得到這些資訊。

第二，正確了解競爭對手，若是只對對手有個大概的了解，就不能策劃出實際有用的策略。

在觀察競爭對手時，不少人不能看到全貌，只能看到與自己交鋒的，而不能看到潛在的或者是藏在暗處的，前一種對手，雖然很厲害，但由於它是明著來，不難防範，而後一種對手雖然實力不是很強，但它不易被人發現，有很大的威脅性。正所謂「明槍易躲，暗箭難防」，這種對手總是在他人打完實力削減後，趁火打劫，或者在時機適當時，趁對手沒有防備時，突然偷襲，讓對手手忙腳亂，不知所措，所以在競爭時，一定要看到潛在的對手，做好全方位準備，自如應對競爭對手的攻擊。

做到知己知彼後，競爭者便可以針對對方的情況策劃應對方式，主要的方式有兩種，一是進攻，二是防守。在實行這兩種方式時，競爭者需要學會三種技巧。

第一是讓自己保持在合適的位置，在對手出現時做好防備工作。意思就是說，在競爭結構已經穩定時，競爭者讓自己處於一種可以抵禦各方競爭力量的位置。

第二是將每種競爭力量之間的平衡狀態破壞掉，保持自己現有的位置。若是競爭力量之間的平衡關係保持良好，自身的優勢就會被掩埋，也就無法打敗強敵。而若是打破平衡狀態，競爭力量的發展和力量對比就會出現變化，自己便可以從防禦位置變成攻擊。

第三是有效利用每個對手力量上出現的變化。若是競爭者能夠在變化沒出現時就發現，並在這時採取有效應對措施，就增加了打敗對手的可能性。

新型的收費增值服務推出後，淘寶賣家不但沒有認可，還集體反抗。在這個方案推出後不到一個月的時間內，有幾千名賣家在網上簽名，揚言要退出在淘寶網上的「攤位」。

聽聞此事後，馬雲馬上發表一篇文章，向賣家表示深深的歉意，道歉的事情是關於淘寶和淘友溝通不太順暢的問題。此外，他還改變了一下這項增值服務的價格。

在推出這個計畫的時候，馬雲的想法是好的。馬雲認為，雖然這個計畫

並不是很完美，但我們從來沒有終止完善，它的思路並沒有問題，收費也不高。他說，在還沒有推出這個方案時，有賣家曾經來信說，願意出錢將自己的商品放在前面。經過仔細思考，他們才設計這個方案。

淘寶目前的商品有上千萬件，每天的交易量可以達到上千萬件，若是不能搜尋商品，賣家尋找商品的過程就艱辛了。但要搜尋會有順序、排名，所以收費是必須的，因為不收費，賣家為了能把自己的商品放在第一的位置，會做出很多假的交易量，這樣就沒有搜尋的價值了。

馬雲表示，阿里巴巴董事會不會要求淘寶網獲得利潤，在今後，會讓淘寶按照願意付錢就付錢，不願意就免費的模式經營。

然而，不管馬雲和淘寶網推出這個計畫的想法是好是壞，從淘寶賣家的反應來看，這個決策都是錯誤的。

在 2006 年 5 月 29 日，針對賣家們揚言要退出在淘寶的攤位一事，馬雲闡述了對推出此計畫的想法。然而人們並不接受馬雲的解釋。馬雲決定讓淘寶賣家投票，以此決定這個計畫是否進行下去。結果，大部分用戶的態度反對，這個計畫也被取消了。

雖然沒有執行這個計畫，但是人們透過這件事，看到了馬雲對待錯誤的誠懇態度，而且其所採用的處理方法也很及時，這樣使得此次錯誤的不好影響小了很多，否則馬雲和阿里巴巴都不可能有今日的傲人成績，犯錯誤並不可怕，可怕的是犯大錯誤，還不及時改正錯誤。

先發制人，在競爭中搶占先機

商場之中的人應該練就：在和對手進行爭鋒的時候要率先出擊，先發制人，爭取一舉將對手摧毀，占據絕對的優勢。

對於那些想在商場之中施展拳腳的年輕一輩的創業者來說，從一開始就培養一種「先發制人」的競爭意識是迫在眉睫的事情。

如果強大的對手已經臨近，你卻仍舊秉持著「井水不犯河水」的原則，

那麼就太自欺欺人了，等待你的不是被別人踩在腳底，就是被淘汰出局。

　　商場其實就是沒有硝煙的戰場，對手瀕臨城下，難道你要拱手割讓城池？創業者沒有退縮的理由，只能率先迎接挑戰。

　　馬雲在這方面做的就非常好，從開始創業到現在，馬雲上演了一幕幕讓人叫絕的大戲：為了阻擊 eBay，他祕密製造淘寶；為了阻擊 Google，他組成了阿里巴巴和雅虎聯盟。用馬雲自己的話來說：「進攻者，永遠都有機會。」

　　確實，商場之中，進攻實際上就是最好的防守，不管你怎麼做，都不能避免對手的攻擊的情況下，一定要堅定這種想法，被動防守，還不如主動攻擊。

　　不是有這樣一句經典這麼說：「人在江湖，身不由己。」對對手不能有絲毫的仁慈，更不能大意，否則，自己就會受到對方嚴重的傷害。

　　就像是戰爭，選擇的戰爭目的地是哪方，哪方就會吃虧，即使戰爭目的地方獲勝了，他的國家也會損失慘重，輸了就更不用說了。

　　你先下手，對著對方的目的地採取攻擊，不用想方設法去取勝對方，只要你和對方之間相互攻擊了，對方就會損失慘重，因為作戰的地盤是對方的，即便是他出手、你停手，也是他的損失。

　　當然，能打贏更好，打贏了，對手就更難有翻身的餘地了，而此時，你就能夠安穩占領商場的巔峰位置，享受成功的喜悅了。

心中無敵，便是天下第一

> 在路上的人一定是辛苦的，沒有必要你殺我、我殺你，你帶著仇恨去創業一定會失敗。真正做企業是沒有仇人的，心中無敵，天下無敵。

　　馬雲說：「我們拿著望遠鏡找不到競爭對手。」透過這句話，我們可能覺得馬雲非常狂妄自大，實際上，他確實有狂妄的資本，在十多年的時間裡，透過馬雲和員工的努力，阿里巴巴已經成為全世界第二大網際網路公司。但

是馬雲並沒有狂妄，這只不過是他的一種心態罷了。

其實，不只是在面對競爭時要有這種心態，在企業的經營之中、對待外部危機和內部矛盾等，都應該有這種心態 ── 心中無敵。當你的心中沒有敵人時，就會天下無敵。

在馬雲的身上，你總是能看到他那無所畏懼的創業熱情，在創業之初，馬雲就將阿里巴巴定位為一個「全球性」的公司，他的目光放在了全世界上。

因為公司是全球性的，所以馬雲為公司取名苦惱了很久。一次，馬雲在美國餐廳用餐，他問服務員是否聽過「阿里巴巴」這個名字，服務員說知道，還告訴馬雲只要說「阿里巴巴」，就可以打開寶藏。在這之後，馬雲又問了不少人。

透過詢問調查，馬雲得知，不管是哪個國家，都知道阿里巴巴的故事，而且用很多語種來說「阿里巴巴」的時候，發音非常相似。所以馬雲就將「阿里巴巴」定為了自己公司的名字。

馬雲在起完名後，說：「我取名字叫阿里巴巴不是為了中國，而是為了全球，我做淘寶，有一天也要打向全球。我們從一開始就不僅僅是為了賺錢，而是為了建立一家全球化的、可以做 102 年的優秀公司。」

然而，當馬雲就要註冊公司名字的時候，得知「阿里巴巴」已經被一個加拿大商人買走了，他並沒有放棄，而是拿出了 1 萬美元，將這個名字買了下來。雖然這個名字的價格太高昂了，但是物有所值，阿里巴巴很快就被全球知曉了。

事實上，馬雲之所以給公司取了一個不太像中國名字的名字，是因為馬雲害怕說自己的公司是中國的，那時在所有人的眼中，中國不會有好的網際網路公司。

在 1990 年，網際網路商業模式中所有成功的主要因素都不在中國，核心技術和企業更是這樣。在這種條件缺乏的情況下，想要讓自己的網際網路

公司擠進全球前十，不但旁人會說馬雲白日做夢，就連他的員工也不敢相信，特別是在 2001 年網際網路公司經營都很困難的時候。

當所有人都不看好阿里巴巴時，馬雲是怎樣得到世界認可的呢？馬雲說：「我當然是幫助中國企業出口。誰買中國產品？肯定是海外的買家。那怎樣才能讓這些企業成為買家呢？對此有一個最簡單的看法就是：就像辦一個舞會，舞會裡面有男孩子、女孩子，要把他們都請進來很難，所以策略是先把女孩子請進來，再把優秀的男孩子請進來，這樣做市場就會越來越大。」

在 1999 年 5 月 1 日，短短一個多月的時間，阿里巴巴英文網站註冊會員達到 1 萬多名，會員總數在 2 萬人以上。在該年 9 月 9 日，阿里巴巴的會員已經超過了 8 萬名，庫存買賣資訊在 20 萬條以上。

在人們看到阿里巴巴的英文主頁，且其總部位於香港時，並沒有認為是中國的網站，即使知道了是中國人的網站，他們也以為是美國模式的翻版。後來，人們知道了美國網站並不存在這種模式，才知道阿里巴巴是馬雲自己創立的中國式 B2B。

從阿里巴巴剛剛創立到被人們所認可，僅僅用了半年。在這段時間中，馬雲所面對的不僅是外界的質疑，還有內部員工的不信賴，但是他就是用自己的努力和堅持證明自己有實力。用馬雲的話來說就是：「我很少固執己見，100 件事裡難得有一件。但是有些事，我拍了自己的腦袋，凡是覺得自己有道理的，就一定要堅持到底。」

每一位創業者的創業之路都是非常辛苦的，而且充滿了艱辛和挫折，但是首先你要敢想敢做，有遠大的志向，不要總想著得到他人的認可，或者覺得每個人都是敵人，這樣更不容易被人認可，而且創業還會失敗。

遇到競爭對手，用「彌補」代替「挑戰」

市場對每個人都是敞開的，每個人都有權利在市場之中競爭一席之地，無

論一個企業做得多麼優秀，都不可能將所有的競爭對手都排出在外，一味打壓、壓制對手，很可能會兩敗俱傷。

遇到競爭對手的時候該怎麼做？相信絕大多數人看到這個問題的時候第一反應就是「挑戰」，除了這還能做什麼？

其實不然，前面我們也提到，與競爭對手之間可以建立合作關係，此外，我們還可以多多向競爭對手學習，學習他們的優點。

在馬雲看來，遇到一個強的競爭對手時，該做的並不是挑戰，而是彌補，應該善於學習競爭對手的優點，以彌補自己的不足。

有時候，競爭確實是非常好的老師。馬雲曾經說過：「我認為選擇優秀的競爭者非常重要，我們要善於選擇好的競爭對手並向他學習。」一直以來，馬雲都秉承著競爭的最大價值是透過向競爭對手學習彌補自身不足。

企業或公司和競爭對手之間並非只有敵對關係，反之，合作共贏能夠加速企業發展。那麼如何才能用好和競爭對手之間的關係，將其優點補充到自己的公司之中呢？

· **交流感情**：企業和競爭對手之間溝通，可以增進企業間的了解、信任，將其中的矛盾和誤會解除，能夠強化企業競爭過程中的合作氣氛，及時傳遞經營資訊，使得企業能夠做出更多的利於彼此發展的決策，利於企業間不足、弱點的及時發現，互相切磋後及時改正。

· **「結義兄弟」**：必要的時候，企業之間可以策略聯盟，該種合作形式在西方、日本的企業之中迅速發展，近年來又在歐洲興起。透過組成聯盟，能夠使企業更加強大，優劣互補。

· **「與狼共舞」**：如今，很多大型企業都在努力實現跨國發展，企業透過中外合資等合作方式在全球經濟一體化，在激烈的買方市場競爭上發揮自身優勢。

這種跨國聯盟能夠解放思想、拓展思路，有利於企業的擴大發展，實行

規模經營，降低成本，將市場競爭力提升上去，有利於綜合競爭優勢的提升，對於企業多樣化、專業化生產關係的處理非常有利。還可促進產品銷售，提升品牌知名度，對於名牌策略實行來說非常有利。

實際上，所有的大型網際網路公司都能夠在美國找到自己的原版，只有阿里巴巴是在中國自行衍生出的，是原創的、獨創的，也只有這樣，才能夠持續發展下去，在發展的過程中占據一定的優勢，模仿者永遠都只能被認為是二流高手。

克隆阿里巴巴是不能生存下去的，這是馬雲的觀點。原因很簡單，因為不可能再有第二個阿里巴巴了。

用心去研究企業經營理念，之後在市場上尋找空缺，與現有大型企業互補，走出一條屬於自己的道路才是正確的選擇。

挑選競爭者，而不是等待被別人選

> 競爭者與你的關係並不是只有競爭，還有學習，一個非常出色的競爭者就
> 和一位優秀的老師一樣，當你與他競爭時，你可以得到很多珍貴的經驗，
> 逐漸將你的競爭力提高。

在商場之中競爭關係就像狼和羊的關係一樣，只要你是羊，你就有可能會被狼吃掉。在這個關係之中，需要把握的一點是，選對競爭對手。

看看下面這則小故事：

一天，有兩個獵人在深林中遭遇到一隻兇惡的大老虎。但是，他們將槍中的子彈都用光了。在這個時候，一個獵人馬上彎腰繫鞋帶。另外一個人感覺他很奇怪，不可理喻，於是諷刺他說：「繫鞋帶就有用嗎？這樣你也沒有老虎跑得快！」

這時，第一個獵人並沒有理睬那個人的諷刺，繫好鞋帶後，說道：「只要我能跑過你不就行了嗎？」

透過這個故事，我們可以知道，這兩個獵人所選取的競爭對手是完全不

同的，**繫鞋帶的獵人**將另一個獵人看成了競爭對手，而另一個獵人則是將老虎看成了競爭對手。這樣就會出現兩種不同的結果。沒有將自己的同伴看成競爭對手的獵人，最後肯定會被老虎吃掉。

實際上，在商場上的競爭也是如此，很多情況下，我們在競爭之中並不知道誰才是真正的競爭對手，甚至像那個諷刺他人的獵人一樣，選錯了競爭對手，最後只能面對失敗。對於競爭，馬雲的理解令人深省：在前一百米的賽跑中，每個參賽者之間都不存在競爭關係，因為賽程有三千公尺。當你跑一段時間後，才能將其他參賽者拉開一段距離。

因此在競爭時，首先應該明確誰才是你真正的競爭對手。馬雲之所以能有今天的成功，其中一個原因就是他總是選擇競爭對手，而不是讓競爭對手來選擇他。他總是在別人還沒將他看成競爭對手時，就首先將對手看成了競爭對手，這樣，馬雲註定會擊敗對方。

在馬雲看來，在競爭之中，自己主動挑選競爭對手是很重要的，但是也應該注意你所挑選的競爭對手勢力如何。在挑選競爭者時，一定不要忽視競爭者的素質和實力，萬萬不可與流氓競爭。正因為如此，馬雲才將 eBay 當作自己的競爭對手。

eBay 公司是在 1995 年成立的，在剛剛成立的時候就向外界宣布：希望可以幫助世界上任意人完成商品的買賣交易。在不到 7 年的時間裡，eBay 公司的所作所為確實和他們之前所宣傳的一樣，取得了非常好的成績；在 2002 年，eBay 線上交易商品為 1.8 萬種，差不多有 700 萬件。此外，公司的註冊用戶為 4200 萬，而且分布在全世界 24 個國家和地區，在全世界可以說是非常出色的。

2002 年 4 月，eBay 公司想要將中國 C2C 領域的龍頭易趣吞併，經過不懈的努力，它最終完全控制了易趣的股份。

當該公司為自己感到十分驕傲時，卻不知道已經有一雙眼睛緊緊地盯住了它，他就是馬雲，馬雲的公司此時雖然還沒人問津，但是他已經將 eBay

看成了自己的競爭對手。為了可以擊敗對手，馬雲花費了一億元創立了 C2C 網站淘寶網。那時在中國 C2C 市場，eBay 所占領的份額為 80% 以上。

eBay 根本就看不起淘寶網，覺得它不堪一擊，絕對不可能成為自己的競爭對手。然而，讓 eBay 萬萬沒有想到的是，馬雲用自己的聰明才智，採取了免費策略。經過一年的時間，在很多方面，淘寶都比易趣要強很多，這讓 eBay 慌亂了。

在 eBay 公司眼中，甚至是大多數人的眼中，還沒有站穩腳的淘寶網不值一提，不可能會成為 eBay 公司的競爭對手。但是，最終，淘寶就是 eBay 的競爭對手，而且還戰勝了 eBay。

實際上，淘寶之所以可以戰勝 eBay，不僅僅在於 eBay 公司的傲慢輕敵，還在於淘寶選擇了一個出色的競爭對手。這一點不可置疑，在淘寶沒出現前，中國 C2C 市場的龍頭就是 eBay。在將 eBay 當作競爭對手後，淘寶在向其學習經驗的過程中，使自己的更方面能力都得到了提升，所以馬雲和淘寶才會勝利。

在馬雲的眼中，競爭所帶給創業者的價值，不是擊敗對方，而是使自己的能力得到提升。所以，創業者在競爭的時候，不要總是將擊敗對手的想法放在第一位，最主要的還是向對手學習，你的能力會在不知不覺中得到提升，這樣更有可能戰勝對方。

攻擊時，從對方的軟肋下手

商場之中，只有充分了解市場情況，掌握市場發展趨勢，之後「知彼」了解對手動向，而後趁其不備攻其軟肋，才能一舉獲勝。

一個企業，如果想在競爭的過程中站穩腳跟，首先要做的就是將自己的產品做好，努力去吸引顧客，對自己對競爭對手「知根知底」，主動應付對手，必要的時候主動出擊。

對競爭對手有所了解之後，首先要抓住對方的短處，當頭一擊，贏得自

己的市場。

馬雲和易趣競爭的過程中，淘寶之所以能夠成為最後贏家，主要因為馬雲抓住了兩次機會，對易趣的軟肋給予痛擊，贏得了這場「商戰」。

易趣的實力確實非常強大，並且易趣總裁惠特曼女士號召「易趣在中國必須贏」，並且承諾「要什麼給什麼，要多少給多少」。

沒錯，當時易趣的實力確實非常強大，他們說出這樣的話也並非皆為誇大之詞，由於此勢，馬雲不能硬碰硬，只得採用守勢，等待最佳時機的到來。

2004 年 9 月，易趣決定實現國內平臺和國際平臺對接，雖然這個願景非常好，卻沒有好的結果，對接的過程中，平臺頁面、交易程式、信用評價等機制的轉型讓很多老客戶覺得不方便、不適應。

沒過多久，易趣的用戶出現「搬家」現象，甚至呼籲將原來的易趣平臺還回來，網站用戶的反應越來越強烈。同時，另一個致命的武器扼住了易趣的喉嚨，那就是對接之後易趣系統性能不穩，經常出現掉線現象，使得用戶們難以忍受，對易趣大失所望。

2004 年 11 月，易趣的對接剛剛進行兩個月，淘寶網客戶和訪問量迅速增加到了 305 萬，到了 10 月分，每天的訂單增至 105 萬元，這一現象使得易趣陷入了客戶大量流失的窘境。於是易趣開始大量投入廣告，有關易趣網的廣告越來越多，他們耗費上千萬鉅資，為的只是告訴大家：易趣是個網上購物平臺。

馬雲此時卻不慌不忙，他說：「淘寶網也是一個網上購物平臺！」實際上，易趣在為自己做廣告的同時，無形中也在為淘寶宣傳，馬雲非常開心，因為這樣一來淘寶網就能節約一大筆廣告費了。

易趣的用戶並沒有增加，而淘寶網的用戶卻猛增，這一步棋，易趣又走錯了，馬雲非常感謝易趣，而易趣只能以這種「糗」態被淘寶網打壓。

看武俠小說的人可能很難明白，獨孤為什麼求敗，高手為什麼孤獨，其

實，從進步的角度上說，自己和自己切磋能獲得什麼益處？再高超的技藝不過還是那幾招。換做企業也是一樣，沒有競爭對手，就沒有發展的動力，創新也就無從談及了。

競爭最大的價值並不是戰勝對手，而是如何發展自己。競爭應該是件讓人快樂的事情，因為競爭可以讓人進步，當你覺得競爭非常痛苦的時候，你就要反思一下，自己的策略是不是有誤。

無論是個人還是企業，競爭的過程中都應積極向上，因為競爭的結果通常是對手給予你的經驗、教訓等，我們應該對自己的對手給予高評價。

的確，對手的實力比你強，資金比你充裕，可就像「草船借箭」那樣，為什麼不利用對手的箭攻擊對手呢，這樣不費力又能夠為自己在商戰之中獲取優勢的方法，為什麼不嘗試一下呢？找出對方軟肋，用盡全力一擊，勝利垂手可得！

戰勝對手，要用「馬雲速度」

當創業者思考之後，在時機成熟的時候，就應該果斷做出決定，甚至對競爭對手主動攻擊，增加競爭勝出的概率。

如今，社會的發展速度越來越快，市場競爭也越來越慘烈，速度對於創業者而言十分重要。速度快了，就會先對手一步，搶占市場。俗話說：「速度第一，完美第二。」可見速度有多重要。

在商場之中，若要贏得對手，首先就是依靠速度，先將有利於自己的位置搶占，然後再研討策略問題，這樣才可能在市場競爭之中立於不敗之地。

從馬雲的實踐中，我們就能知道，他是一個非常追求速度的人。在 1995 年 3 月，馬雲接觸到了網際網路，他從網際網路中看到了隱藏的商機，在回到杭州後馬上就建立了一家自己的公司。

1995 年 4 月，馬雲自己的第一家網際網路公司就成立了，名字叫做浙江海博網路技術有限公司。

在這之後，馬雲的事業經歷了多次起落。後來，他來到北京工作，在當時眾人都很羨慕的國貿局工作，那時他的成績非常好。但在 1999 年春季，他決定，要再次回杭州創業，一切重頭開始，這是很多人都不理解的。

實際上，他之所以做出這樣的決定，原因有很多，比如與公司成員在網際網路方面理解的不同，再比如和那時管理層的不協調，但這些並不是最重要的，讓馬雲堅定信念放棄在北京的高薪工作的是，馬雲發現了將來電子商務的發展方向，他沒有時間再等下去了，無論怎樣，馬雲也要堅持回到杭州自己創業。

在 1999 年 3 月，世界上突然出現了一個公司 —— 阿里巴巴，它是那時中國甚至是全球最有名氣的電子商務網站，從這一點可見馬雲的速度。

在 2003 年，eBay 並購了易趣一起向中國的 C2C 領域進發，變成中國 C2C 市場上的龍頭，在這之後，它們還將目光放在了在 B2B 市場馳騁的阿里巴巴。為了不讓 eBay 易趣得逞，馬雲決定向 C2C 領域進發，在做出這個決定後，馬雲任何人都不見，關上家門努力奮鬥，這件事情甚至連阿里巴巴的員工都蒙在鼓裡。

在三個月後，淘寶網橫空出世，讓人們驚嘆不已，之後淘寶網越來越火熱，透過採用「農村包圍城市」的策略，最後終於將對手打回老家，成為 C2C 領域的龍頭。

此外，在面對競爭對手時，馬雲的速度不止展現在以上幾個方面，還展現在「支付寶」，「阿里巴巴雅虎聯盟」等方面。若是馬雲沒有驚人的速度，這些新創造出來的東西就會被競爭對手所創造出來的取代，所以在很多場合，馬雲都說：「阿里巴巴不是計劃出來的，而是『立刻、現在、馬上』做出來的。」這是阿里巴巴成功的一大因素。

拿破崙有一句話是這樣的：「我之所以能打勝仗，是因為我總比敵人早到 5 分鐘。」確實如此，在發生戰爭時，若是在敵人到來前來到戰場，便可以搶占更為有利的地形，而商場也是這樣。

第五章
成功與否，就在一念之間

成功的本質：將失敗看作學習的過程

一個人成功的前提就是能夠勇敢地接受失敗，主動面對過失，不斷從過失
之中學習，這樣才能避免重蹈覆轍，獲得最終的成功。

失敗是人生中的必經之路，我們不能將其歸咎到命運身上，應該經過仔
細研究之後得出經驗教訓，做錯了一件事，其實就是經歷了一個新的學習
過程。

有句話：「失敗是成功之母。」沒錯，失敗之後，我們的確可以從中獲
得經驗教訓，使得自己在今後再做同類事情的時候能夠做得更加完美。

有人問馬雲對成功的看法是什麼。在馬雲看來，成功不在於你做過什
麼，做成什麼，而在於你做了什麼，歷練了什麼。

1995 年時，馬雲建立並推銷著自己的「中國黃頁」，當時很多人都說馬
雲是騙子，提起當年的經歷，馬雲也不禁感慨。回想當年的一幕幕，無異於
「對牛彈琴」，馬雲著實感到辛酸。

可是到了 1996 年的時候，網際網路成為了各個媒體報導的熱點，不知
不覺中冒出了很多「敵人」，當時的杭州電信和馬雲競爭得非常激烈。杭州電
信資本 15 億多新臺幣，馬雲資本僅僅有 10 萬新臺幣，並且杭州電信的社會
資源、政府資源非常充裕，再看看馬雲這邊，什麼都沒有，也就沒有人敢去
相信他們。

為了讓中國黃頁「活下去」，他決定找個「靠山」，以增強自身抗風險能
力，最後馬雲決定，與杭州電信合作。

最初，馬雲只是出於不得已才與杭州電信合作，但是合作之後，問題顯
現，以至於馬雲不得不終止合作，放棄中國黃頁。

馬雲離開中國黃頁後，將當時所持有的 21% 的中國黃頁的股份送給了一
起創業的員工，讓他們更好地發展下去，那是 1997 年，馬雲創業生涯中的
第一次失敗。

馬雲說：「失敗只能怪自己，除非大家都失敗。現在有人成功了，而你失敗了，就只能怪自己。就是一句話，哪怕你運氣不好，也是你不對。」

在馬雲看來，看別人的慘敗的經驗看出一身冷汗的時候，離成功就不遠了。現在的人，看成功勵志的書看的太多了，所以難以從失敗之中吸取教訓。

當我們在工作的過程中出現了錯誤，進而導致失敗時，應該先找出失敗的原因，然後問問自己，究竟為什麼會失敗，尋找問題的所在，以及預防問題的發生的方法等，以及如何轉敗為勝等。

做出錯誤的決定之後，要及時挽回失誤，以免造成不必要的損失，主動承擔責任，及時總結經驗教訓，比如做錯了某件事，是什麼原因導致的，在下次做事的時候盡量避免犯同類錯誤。

普通人在經歷失敗之後會憂心忡忡，倍感生活中的巨大壓力，其實壓力並不可怕，在經歷失敗的時候要勇於站起來，不要放棄，將身上的泥土拍下，繼續前行！

相信自己成功，你才能成功

任何一個成功者的背後，都有著一股強大的力量自信心，正是這股力量，
不斷推動著他們前進，使得他們向著自己的目標奮進。

只有當我們擁有了堅定不移的信念之後，我們才能渾身充滿力量，前進充滿動力，才能夠利用堅定不移的信念打開創業之路的大門，順利踏上成功之路。

馬雲就是個非常自信的人，見過他或是與他接觸的人都能夠感受得到，他在走路的時候都能夠讓人感覺到有底氣，有把握，似乎一切都在他的計畫之中，因此，馬雲從來沒有畏懼過什麼，也沒有吝嗇過。

1999 年 10 月，馬雲應朋友之邀去見赫赫有名的孫正義，他是企業中非常有名的風險投資商。在富豪大廈豪華的會議室中，菁英們早已西裝革履在

那裡了，而馬雲卻僅僅穿了一件普通的夾克。

　　可這種感覺並未讓馬雲覺得尷尬，他只講了 6 分鐘，孫正義便讓他停下來，問他要多少錢，馬雲卻說自己不要錢，說是一個朋友讓他來找孫正義的。通常情況下，普通人看到投資者的時候都會笑臉相迎，可是馬雲卻憑藉著自己的自信將投資商徹底征服了。

　　馬雲的自信，還表現在對計畫的堅定不移上面，在 2001 年的時候，迎來的是網際網路的「寒冬」到了年底的時候，孫正義在上海召開了投資會議，很多 IT 行業的公司都已經退離網際網路現場，轉做其他行業。

　　馬雲卻對孫正義說：「孫先生，一年前你為我融資，我向你要錢的時候，我講的是這個理想（電子商務），今天我仍然要告訴你，我還是這個理想，唯一的區別是我朝我的理想往前走了一步，但是我還要往前走！」

　　馬雲在說這話的時候非常自信，他也有說這些話的資本，2001 年的時候，中國網際網路公司不再受到國際資本青睞，反而遭到排斥，在這種情況下，中國的很多網際網路公司垮臺了。可馬雲的手中卻有兩張王牌——高盛、孫正義，他從高盛公司融資了 500 萬美元，之後又從孫正義那兒得到 2,000 萬美元，使得馬雲更加有底氣度過網際網路「冬季」。

　　馬雲對自己有信心，對自己的理想同樣有信心，而正是他的這種自信，打破了網際網路的「寒冬」。

　　試想，如果馬雲當時沒有對自己、對理想的信心，可能我們就看不到今天的馬雲和阿里巴巴了。

　　自信展現著我們的意志和力量，缺乏自信通常是事業上無所成的原因之一，也是性格軟弱的展現，信心是我們人體之中力量爆發的動力，在它的推動下，我們才有力量將劣勢化為優勢，產生讓人震驚的成功。

　　馬雲曾說過：「只有你想不到的，沒有馬雲辦不到的。」由此我們也能看出馬雲的自信心有多強大。

執行力，成功的重中之重

沒有很好的執行力，一個公司就會沒有凝結力，員工表面上看起來非常努力，總是熬夜工作，最後卻沒有什麼效率。

通常情況下，人們認為一個人之所以會成功，是因為這個人有著很強的能力，或者頭腦聰穎，亦或者十分幸運，其實這些都不是最主要的，他們之所以能成功，關鍵在於他們有著好的執行力。

什麼是執行力？執行力就是貫徹計畫，得到預想結果的操作能力。這一點非常重要。

中國曾經有一家企業面臨破產，被日本財團收購。企業員工都希望日方能給制定有好收益的管理方式。但日方到了公司後，並沒有專門改變制度，或者換掉企業高層人員。他們只提出一個要求：將企業原本的制度貫徹執行下去。最後，幾個月的時間，企業就有了收益，再也不虧損了。從這裡我們可以看出執行力對於一個企業的存亡是多麼重要。

一次，很多企業老闆舉辦了管理沙龍，在場主持人特意做了一個測驗，內容是：囑咐測驗人員在規定的時間內，將一份加急材料送給某報社社長，並要求對方在回條上簽字。這個測驗的要求是，測驗人員不可以看信裡面的東西。在測驗的過程中，一個人在得到信封的時候就將其打開了，發現裡面沒有資料，公然批評主持人。主持人詢問在場的企業老闆：「他是一名執行者，他應該出現這種做法嗎？」老闆們的回答雖然都不太一樣，但是有一點是相同的：打開信封是不正確的，百分之百不能看內容。

決定一個企業是否成功的因素不止一種，但是策略、人員和運行流程是關鍵性因素，怎樣將這三者恰到好處結合在一起，是大部分企業所遇到的困難。若是這三者充分結合起來，企業成功的機率就大了許多，而想要實現這一點，執行是至關重要的。

在這個問題上，馬雲是非常自誇的，之前他驕傲稱阿里巴巴是「一支執

行隊伍而非想法隊伍」。

在剛創業時，馬雲就嚴格要求下屬，貫徹執行力。在阿里巴巴創立之初，不少員工都很迷茫，感覺未來太渺茫。這是因為在那時，人們都熟知新浪、搜狐等入口網站，阿里巴巴是獨創的，很多人不清楚它的價值。

那時，中國主要透過「廣交會」來進行對外貿易，香港貿易的中轉在很大程度上決定著國外展會或者依託既有的外貿關係。在中國，有不少小企業急切需要自主控制的外貿通道。馬雲覺得阿里巴巴可以且有義務擔負起這個使命。

在這一個問題上，馬雲堅持選擇 BBS，他說：「只要可以發布供求資訊，能按行業分類就可以。」聽完這句話，所有人都表示反對，與馬雲大吵大鬧。即使吵得臉紅脖子粗，馬雲仍舊不改變自己的決定，他一直堅信方便用戶才是正確的，自己的決定沒有錯。他說：「阿里巴巴是不太會上網的商人，一定要簡單。」

1999 年 3 月，馬雲給下屬發號施令，要求他們馬上完成 BBS 設計，下屬不從，馬雲真的生氣了，對他們大喊：「你們現在、馬上去做！立刻！現在！」

因為馬雲的要求過於堅決，阿里巴巴確定了發展方向，並得到了嚴格的執行。這樣，不僅使阿里巴巴在整個網際網路市場低迷時生存了下來，還得到了一定的收益。

這樣看來，在經營公司時，執行人員可以在執行之前弄清情況，但是在接到執行任務那一刻起，就一定要毫無猶疑執行命令，有些命令可以和執行者商量，而有些是不能商討的。

決策，不能單靠「第六感」

決策是領導人工作的核心和基礎，做出正確無誤的決策，是所有領導人的職責。若是做決策僅憑「第六感」，企業的發展就有可能會受到嚴重的影

響。「第六感」是人們的感性思維，而做決策應該基於理性的基礎上。

在不能預測事情的結果是怎樣時，很多人寧願相信自己的「第六感」，這是人的感性思維在起作用，但是做生意，不是「扮家家酒」，在處理問題或是做出決策時，絕對不能僅憑「第六感」，否則就會得到慘重的懲罰。

下面來看一則小故事：

一日，孔子在從陳國去往蔡國的路上，發現糧草沒有了，於是七天七夜都沒有進食，渾身無力，只能在一個角落中躺下休息。

此時，弟子顏回找來了一些米，於是就在鍋中煮了起來。當米快煮好時，顏回抓了一些放在了口中，這個動作剛好被孔子看到，因此有些不悅。

不久，飯煮好了，顏回將飯放在孔子面前，讓他吃。但是孔子故意說：「我在夢中看到先君了，應該將潔淨的食物給他們食用。」

顏回聽後說道：「這萬萬不可！之前飯中掉了一些灰，我抓出來放在口中了。」

聽完這番話，孔子非常愧疚。一會，孔子對顏回說：「我剛剛錯怪你了！我只相信自己的眼睛，但眼睛看到的有時並不是真相；我用心思考了，但是心有時也不可靠，你一定要記住這句話啊！」

在很多時候，人們總是相信自己所看到的事情，但是有時看到的並不一定就是真實的，還有些時候，我們總是用直覺做事情。尤其是在商場之中，領導人在做決策的時候，通常都憑「第六感」。

馬雲說過：「我不希望看到大家對股價有缺乏理性的思考，同樣，我也不希望看到大家對阿里巴巴有缺乏理性的分析。」馬雲這句話不只是在嘴上說說，他的行動也是如此，在做決策的時候一定要保持理性的頭腦。

在馬雲的創業之路上，存在著很多艱難險阻，淘寶網和阿里巴巴一直都存在強大競爭對手。他一直在思考，怎樣才能將對手甩在後頭？

面對這個問題，馬雲理性分析，若想將這個問題解決掉，利用支付寶是

很重要的。從短期來看，支付寶一定要擁有大量的客戶，超過目前全世界最大的協力廠商支付平臺 PayPal。但是從長期來看，支付寶應該成為使用率最為廣泛的協力廠商支付平臺，成為全世界的老大。

對此問題深入思考，馬雲覺得這件事情不是很好解決，他明白了支付寶和 PayPal 各自所處的環境是不太一樣的。

馬雲這個決策在徹底想清楚後，就馬上實行了，實現了支付寶從「一路蒸發」到「一路發發」。現在支付寶所涉及的領域有很多，比如 C2C、B2C、數位通訊等，而且還在澳大利亞公司創立了「海外寶」。

透過馬雲做決策的故事中，我們可以知道，在面對眾多壓力和問題時，他沒有慌亂，更沒有僅憑「第六感」就做出決策，而是將問題看透，仔細去分析問題，思考再三後，他做出了正確無誤的決策。從馬雲的經歷中，我們可以總結出創業者做理性決策所需要的基本條件是什麼，主要有以下 5 種：

1. 在做決策前，應該捕捉到所有有價值的資訊。
2. 尋找全部和實現目標有關係的決策方案。
3. 要可以預測出每個方案在每種客觀條件下可能會出現的結果。
4. 要明確知道直接或間接參與公共政策制定的人們的社會價值偏向及其所占的相對比重。
5. 在考慮好各方面的問題後，做出最好的決策。

及時改正自己，才能飛得更高

每個人都不可能永遠不犯錯誤，在錯誤出現的時候，錯誤本身不是最重要的，及時反思，改正錯誤，才是最應該著重進行的。

馬雲是個很成功的創業家。但實際上，在經營阿里巴巴的過程中，馬雲和其下的管理團隊也做過很多錯誤的決策。看到這裡，有人就會產生疑問：如今，通常網路企業只是因為一個過失就「滅亡」，為什麼阿里巴巴在出現這麼多過失後，還能繼續經營下去，並發展成今天這樣呢？

主要原因就是阿里巴巴所出現的過失有著有效的應對措施。

有不少網路企業之所以因為一個過失就「滅亡」，多數情況是因為他們的過失非常大，這些過失可能是策略方向上的，也有可能是經營模式上的。在出現過失後，用怎樣的心態去面對過失，用什麼方法改進，同樣是決定企業存亡的要素，若是在犯錯後，不認真對待，不改正錯誤，總是重複犯同樣的錯，企業滅亡就是一定的了。

而馬雲和阿里巴巴在這兩方的表現都不錯。第一，在重大的策略決策上，馬雲和阿里巴巴都沒有出現過錯誤，否則，阿里巴巴也不可能生存至今。第二，阿里巴巴出現的小錯誤非常多，這些錯誤可能是擴張太盲目，或者是太相信國外的高管，但是阿里巴巴在發現這些錯誤的時候，及時做出調整，在最短的時間內將錯誤改正，控制住了錯誤所帶來的不好影響。

在 2006 年，馬雲想要在淘寶網上推出一個方案，一種新型的收費增值服務。在淘寶網上的賣家若是利用這個服務，就可以得到一個「推薦位」，將自己的商品放在淘寶網上比較顯眼的地方。

做大事者，就要懂得「捨」

> 好決策往往在取捨之間，你都不知道是對還是錯。領導者的決策就是『捨』和『得』，阿里巴巴犯過很多錯誤，但是在取捨方面卻能看出決策好壞的分別。

作為創業者，想要成為一位優秀的領導，必須要有果斷的決策力，千萬不要讓自己出現「布利丹效應」。這種效應具體指的是什麼呢？透過看以下的故事，相信你就理解了：

在很久以前，有一頭毛驢每天工作都很賣力，為此主人很愛它，每天都給它吃好吃的。

一天，主人要出遠門，不得已將毛驢放在朋友那裡照看。因為受到主人囑託，朋友對毛驢非常照顧，每天都給毛驢兩捆青草吃，而毛驢的主人以前

只給毛驢一捆。

　　次日清晨，朋友來看毛驢，發現毛驢什麼都沒吃，他不能理解，以為是青草的問題。所以在晚上又給毛驢兩捆更鮮嫩的青草吃。但在第二天早上，朋友發現青草依舊沒有被吃，於是他就把這一情況告知了遠在他鄉的主人，主人了解情況後，也很不理解，就趕了回來。

　　毛驢餓了三天，當主人回來後，它快要不行了。毛驢聽見主人的聲音，將眼睛慢慢睜開，對著主人叫了幾聲。主人馬上就知道怎麼回事了，原來是因為朋友每天都給毛驢兩捆一樣的青草吃，毛驢不知道該吃哪一捆好，總是拿不定主意，最後什麼都沒吃。沒過多久，毛驢就死掉了。

　　從這個故事，我們可以知道，毛驢之所以會死，是因為不會取捨，認為兩捆青草都很好，不知該捨棄哪一捆，最後不但一捆沒吃到，還葬送了自己的性命。相信在商場之中，有不少創業者都和故事中的毛驢一樣，做決策猶豫不決，不知如何做才是最好的，但是這樣最終受害的會是創業者自身，想要在商場中立足，學會如何做決策是非常重要的。

　　在阿里巴巴還沒有上市前，它並不是沒有上市的機會，但是馬雲都捨棄了。

　　那時，差不多全部網際網路企業都依照著同個路走來，就是吸納風險資金、上市、賺錢、分紅。所以很多人都非常不了解馬雲的行為。

　　那時還有一些人認為，馬雲之所以不讓阿里巴巴上市，是因為資金不充足。對於這種看法，馬雲並不承認。他說阿里巴巴現在確實有一些困難，但是並不是資金方面的困難。

　　在 2003 年，很多人都覺得阿里巴巴會上市，馬雲並沒有想去這樣做。他說：「阿里巴巴現在贏利非常好。公司就像結婚一樣，好不容易有了好日子，生個孩子又苦了，所以我們打算結婚後過幾天好日子。今天，我覺得我們自己的內功還有待加強。我嚮往著上市，並沒有不屑一顧。」

　　2004 年，在馬雲的帶領下，阿里巴巴在全國其自身的領域中是老大，而

且，軟銀還為其注資 8,000 多萬美元。這時，大部分人都又開始想阿里巴巴應該上市了，但馬雲覺得上市的最佳時刻還沒有到來。

在 2005 年，阿里巴巴將雅虎收購了，此時人們又在猜測，阿里巴巴該上市了，但是馬雲再一次放棄上市。

2007 年，在馬雲的領導下，阿里巴巴、淘寶和支付寶越來越強大，在市場上所占的份額非常大，這時，馬雲覺得是時候上市了。在該年 7 月，馬雲面對著 6,000 多名員工宣布：阿里巴巴正式啟動旗下 B2B 業務的上市程式。聽完馬雲的宣布，6,000 多人的歡聲笑語響徹全場。阿里巴巴在上市後，得到了不同凡響的結果。

閱讀上面的故事，我們得知阿里巴巴並不是沒有上市的機會，可以說機會很多，但是馬雲並沒有將這些看成是機會。他之所以這樣做，是因為他懂得捨與得。雖然之前，馬雲沒有讓阿里巴巴上市，但是他同樣抓住了機會，這個機會就是等待更好的機會。雖然馬雲放棄了上市，但是他一直沒有放棄提高自己，強大企業，累積實力。

可以這樣說，阿里巴巴之所以能得到現在的傲人成績，很大一部分得益馬雲在做決策時勇於「捨」，若是在之前，阿里巴巴沒有捨棄上市，他就不可能有足夠的時間用來壯大自己，也就不可能握住最佳上市時刻。作為一位領導者，應該向馬雲學習，目光應該長遠一些，不要為了眼前一點點的利益，而失去了今後豐富的利益。

錯誤的決策好過沒有策略

在這個世界上，每個人都會出現錯誤，這是很正常的現象，而且錯誤和真理是左右鄰居，我們應該勇於面對自己的錯誤，從錯誤中吸取經驗，並告誡自己，今後盡量少出現相同的錯誤。若是我們可以從每次錯誤中都能得到一定的經驗，我們距離真理就近了。

若是你看過雨果（Victor Hugo）寫的《悲慘世界》（*Les Misérables*），

你可能就會知道這句話：盡可能少犯錯誤，這是人的準則；不犯錯誤，那是天使的夢想。塵世上的一切都是免不了錯誤的。

對於創業者而言，在剛剛創業的時候，通常都會因為經驗缺乏而做出錯誤的決策。但是創業者不可以因為自己所做的錯誤決策就看低自己，否則肯定會導致創業的失敗。

實際上，犯錯誤並不可怕，只要自己意識到錯誤後馬上改正即可。在商場上叱吒風雲的成功人士，他們並不畏懼犯錯，他們善於在錯誤之中摸索，吸取經驗，讓自己越來越強大。馬雲就是一個這樣的人。

在馬雲的帶領下，中國黃頁在過了一段很困苦的階段後，終於有了一些成果。但就在中國黃頁步入正軌時，在一夕之間出現了很多強勁的競爭對手，比如東方網景、西湖網聯等。在中國，網際網路市場所存在的競爭越來越激烈。

在所有的競爭對手之中，西湖網聯是馬雲最擔心的。因為西湖網聯有政府支援，而且資金雄厚，還壟斷了網路技術平臺……這些都是中國黃頁遠遠不能與之相比的。

然而，中國黃頁雖然取得了階段性的勝利，但公司所面臨的危機，馬雲和中國黃頁都無能為力，而且公司當時所處的情況非常不妙，不僅資金不足、資訊不足，資源也是一個很大的問題。為了不被市場吞滅，也為了公司能在今後可以得到更好的發展，馬雲做出了一個決策，和西湖網聯合資。

那時，中國黃頁將資產折合成 300 萬新臺幣，有三成的股份；西湖網聯所屬的南方公司投資 700 萬新臺幣，有七成股份。在這個公司之中，馬雲還是總經理，但是公司的大股東並不是他。

中國黃頁有看足夠的資金，業務的範圍越來越廣。在 1996 年末，中國黃頁終於盈利了，而且營業額在 3,500 萬新臺幣以上。

取得這樣的成績，馬雲非常高興，他認為自己當初的決策是明智的，但他又遇到了困難。一次，馬雲帶著自己的團隊到外地開發新業務，但回到公

司後，出現意外了。南方公司又註冊了一家自己的全資公司，名字也叫「中國黃頁」。很顯然，南方公司是為了將中國黃頁建立好的聲譽拿在自己身上用，它建立了一個網站，名字是「Chinesepage.com」，這個網站與中國黃頁的「Chinapage.com」差不多一樣。就這樣，不止一家中國黃頁了。

馬雲對此感到非常生氣，毅然辭職了。在那時，馬雲才知道是怎麼回事，西湖網聯在剛開始並不是真的想和馬雲合作，只是想將其購買過來，然後再用手段讓中國黃頁消失。

從馬雲這個經歷來看，馬雲的這次和西湖網聯合作的決策是錯誤的。當發現自己的錯誤後，馬雲並沒有逃離，也沒有怨天尤人，而且勇於從錯誤中得到經驗和教訓，並在最短的時間內找到解決的方法，所以馬雲最後辭職了。

實際上，馬雲是非常感謝這次錯誤的決策的，雖然讓自己所創辦的中國黃頁受到了創傷，但是這讓他從錯誤中找到了適合自己的發展方向，正因為這樣，才有了今天的阿里巴巴。所以，在創業的道路上，無論是自己犯了多少錯誤，都不能氣餒，因為只有不斷犯錯誤、改錯誤的過程，你的創業之路才會越走越遠。

作為一位創業者，不要因為害怕犯錯誤而不去做決策，因為沒有決策，你就會原地踏步，沒有突破和前進。即使決策最後是錯誤的，你又怎麼能知道這個錯誤的決策不是另一個成功的開始呢？

品質，關係到企業生命的大事

產品品質是企業生存之根本，也是商戰之中制勝的法寶，以及創業、謀求發展時的根本，事實證明，創業者如果過不了品質這一關，即使有非常好的前景，有著優惠的服務，最終仍然會走向失敗，只有顧好品質，才有資格談其他事。

馬雲曾說過這樣的話：「沒有品質作保障，衝得快，死得就會更快。」

馬雲雖然經營的電子商務是無形產品，但是他仍然非常重視產品品質，在馬雲看來，品質就是企業的生命，對於所有的企業都一樣，都應該從細節做起，把握好品質。

產品有了優良品質之後，才能得到消費者的青睞、偏愛。在生產經營的過程中，首先應該將產品品質放在首位，只有這樣，產品才能博取消費者信任，商家才能獲得應有利潤。

如果從一開始就不注重產品的品質問題，很可能沒做多久就被別人看清你的產品性質了，再不願意購買你的產品，合作者、投資者也會紛紛遠離你，你的創業之路就會被扼殺在萌芽之中。

這種為了利益不惜犧牲他人生命安全的做法是非常可恥、可怕的，這樣的企業不管你做的多大、多知名，都會倒閉的。

因此，做企業，無論大小，都應顧好品質關。可能你所獲得的利潤已經非常大了，腦海中突然閃現出一種有悖道義的做法能夠讓你獲得更多利益，此時，一念之間定成敗，一念之間關乎企業未來的命運，是選擇喪失道德、良知偷工減料，還是高品質生產、經營？是想得到一時的利益，還是想得到長久的利益？

一念之間，企業成功，繼續順利發展，更加強大；一念之間，企業被萬人唾棄，毀於一旦。這一念看你選的是品質還是利益，選擇品質，長生；選擇利益，短命！

懂得應變策略，橫掃商場

人應該懂得去了解變化，只有適應變化的人才能成功，真正的高手還善於變化，在變化來臨之前變化自己！面對變化，任何抵觸、抱怨和對抗變化的不理性行為全是不成熟的表現，很多時候還會付出很大的代價，因為你不動，別人會把握去做！

在商場之中，懂得應變策略是十分有必要的。在這方面，卡爾・韋克

（Karl Weick）做了一項實驗：

卡爾‧韋克在自然界中分別捕捉了六隻蜜蜂和蒼蠅，他將它們放在了一個大玻璃瓶中，並將瓶子平放在桌子上，把瓶子的底部放在朝向窗戶的一面。之後，他坐在瓶子旁邊，觀察瓶子中小動物的狀況。

蜜蜂看到瓶子的底端有光透過來，以為是出口，於是就向那個方向使勁飛，但是每次都會撞到瓶壁。雖然很痛，但是蜜蜂還是每次向著瓶子底部飛去。在幾天之後，蜜蜂累死了。與蜜蜂不同，蒼蠅的行動不受光的影響，在第一次撞到瓶子底部後，就往相反的方向飛，經過多次嘗試後，最後飛出了瓶子。

透過上面的實驗，卡爾‧韋克得到了一個結論，就是「這件事說明，實驗、試錯、冒險、即興發揮、迂迴前進、混亂和隨機應變，都有助於應付變化。」

在創業之路上，有的人就和蜜蜂一樣，即使錯，也一如既往，撞了南牆還要撞，這樣肯定會導致創業失敗。想要創業成功就應該向蒼蠅那樣，學會變通，自如應對變化。這是因為在這個社會中，變化隨時會出現，若是沒有能力應對這些變化，就會像蜜蜂那樣死亡。因此創業者必須要學會了解變化、應對變化。

馬雲在這方面做得很好，他可以認知到變化，也可以自如應對變化，甚至還可以製造變化。

在 2002 年 3 月，世界上最大的電子商務網站 eBay 公司注資 3,000 萬美元，之後與易趣聯合在一起，想要在中國的 C2C 市場獨領風騷。

這對於馬雲而言，不得不說是一個突如其來的變化，但是他早就有了十足的準備，他馬上改變了阿里巴巴公司的策略，不只在 B2B 市場開發鑽研了，開始向 C2C 市場進發。當時，不少人對馬雲的行為不能理解，因為在三年前馬雲不僅抵觸 C2C，還想要說服所有人不要進軍 C2C 領域，但是他現在卻主動投身於 C2C 市場之中，還注資 5 億新臺幣。

當別人都用懷疑的態度來對待馬雲時，馬雲沒有理會，而是創立了淘寶網。那時，在每個人的眼中，馬雲都太自大了，以卵擊石。但是所有人都沒有想到的是，經過一年多的時間，馬雲將 eBay 易趣擊垮了，擁有了老大的地位。

之後，人們才知道為什麼馬雲在以前會抵觸 C2C 了，因為他早就知道在未來 eBay 會透過 C2C 涉足中國的 B2B 市場，這種變化會使中國相關企業受到衝擊。然而，他那時的抵觸一點效果也沒有，所以，他只能向 C2C 領域進發了。

對於一個企業來說，若是想在市場上占有一席之地，或者是生存下去，應對變化的能力是必須具備的。馬雲用自己的行動證明了自己可以自如應對變化，甚至在變化還沒出現前，他就已經做出了行動。這是因為他知道，若是變化已經出現，自己才感覺到變化，自己就極有可能會被競爭對手擊敗。

在網際網路中，風險無處不在，在變化面前，誰可以未卜先知，並追求變化，誰就可以在這個領域站穩腳。而馬雲就是一個人，在各種新鮮的變化面前，他沒有畏懼，而是勇於接受挑戰，最終使阿里巴巴有了今天的成就。

社會一直在不停變化，創業者應該具備預料未來、應對變化的能力，只要創業者的應變力足夠強大了，無論在市場上面對什麼樣的變化，都不會被市場淘汰。那麼這種應變力主要指的是哪些方面呢？

· **產品的應變力**：隨著時間的變化，市場的需求總是在不停地變化，創業者可以根據這一變化，透過各種方法來使得自己的品種、規格、品質等符合這一變化。

· **市場行銷的應變力**：在市場發生變化的同時，創業者能改變自己的行銷策略和方式。

· **管理的應變力**：在市場發生變化的同時，創業者可以對管理制度、經營方向、用工用人制度做出改變。

第六章
頭腦理性，穿透浮雲駕馭自己

生於憂患，死於安樂

> 所有的創業者都應該時刻懷著警惕的心，自創業第一天開始，每天幾乎都
> 會面對失敗和痛苦，而並非成就和輝煌。還得讓自己明白，最困難的時刻
> 還沒有來到，它總有一天會出現，這是不能逃避的，更不能讓別人替你
> 扛，必須自己去面對。

想要成為生活中的強者，應該從提高自我認知，意識到自身優勢、不足，用平常心來面對過去的沉浮。即便今日生活得困苦不堪，也不意志消沉；即便今日輝煌無限，也不沉溺其中。

其實，勇於面對成功也是一種成功，而沉溺在成功之中與失敗等同。人的一生那麼漫長，難免會經歷沉沉浮浮，一不小心跌倒了，可以再爬起來。因為跌倒了並不意味著永遠倒下去，也不代表著從那之後一事無成。歷經挫折之後，我們才能變得更加強大。

但是現實生活中，人不能免俗，面對成功之時，我們大都會沉浸在喜悅之中，難以接受失敗所帶來的痛苦。可是我們要明白，成功可能並不會讓一個人有太大的改變，可失敗卻能夠讓人付出沉痛的代價，我們要努力讓自己成為生活中的強者，清楚認知到自身不足、優勢，用平常心看待成功。

馬雲是中國，乃至世界的知名企業家，但是他卻從未沉溺在自己在輝煌之中，並且認為自己頭上的光環是被別人加上去的，並不實際。實際上，成功背後總是有一大堆有待解決的隱患，因此他只有不斷努力，才能將企業做得更加完美。馬雲還曾上演過一個笑話，在網路上廣為流傳。

一次，馬雲去外地出差，在飛機上無意中看到一本雜誌，雜誌中的一篇文章吸引了他的目光，上面介紹的是一個成功企業家，內容上對這名企業家的成就、自身才華大加讚揚，描繪出來的簡直就是個傳奇人物，是個「神」人。

馬雲不得不佩服作者，將這個人物描寫得淋漓盡致，讀著讀著，他感覺熱血沸騰，非常欽佩文章中描寫的主人公，恨不得立刻去拜訪他，可讀到最

後他發現，文章中那個神一樣的人物居然是馬雲自己，先是一驚，而後笑著搖了搖頭。

從這件事情我們也能看出，馬雲對於雜誌上所描述的輝煌並不認同，至少他不認為自己有多成功。阿里巴巴的發展雖然非常迅速，但是在這個過程中也暴露出了很多問題、缺陷，因此，阿里巴巴的成功並不因為它有多堅韌，而是因為馬雲的自我勉勵。阿里巴巴是成功了，他也的確成了公眾人物，他並未因此而驕傲，也並未因眼前的輝煌成就忘乎所以。

在 2000 年的時候，阿里巴巴正在瘋狂擴張，當時的阿里巴巴在全球範圍內規模的擴大引來了不同的聲音，策略上的分歧也越來越多，不同聲音聚集在一起，雜亂無章。

正是這些雜亂的聲音讓馬雲意識到了危機，他開始思考阿里巴巴的未來，到了 2009 年 9 月 11 日，馬雲宣布阿里巴巴進入高度危機狀態。馬雲開始採取挽救措施 —— B2C 計畫，即回歸中國計畫。

同年年底，馬雲開始大裁員，並且大規模人事調整，海外辦事處，以及香港、大連、上海、昆明等地的辦事處一起撤銷了。

之後，馬雲大整頓阿里巴巴，將那些對於公司使命感認知不強的人統統清除，半年之後，網際網路行業進入「寒冬季節」，馬雲依靠自己特有的危機意識度過了這次寒冬。

自古以來，中國就有「生於憂患，死於安樂」之說，沉溺成功之中的人往往看不到外界的危機，感受不到壓力，等到危機凸顯時，已沒有機會挽救自己的企業了。

而想要有所準備地去應付失敗，必須做好準備工作，有足夠的勇氣應對工作，安穩的日子過久了，自然就不會有多大的精力去應對挫折和失敗，甚至連面對的勇氣都沒有。時刻有著危機意識，才能在危機來臨之時臨危不懼，有更多的勇氣面對危機。

目標，成功的奠基石

目標就如同一個人生過程中的指南針，追求的目標越高，才能愈快展示出
自己的才能。只有那些一心向著目標前進的人，才能不畏重重障礙，勇敢
向前。

一個人，如果沒有目標，就會不知道自己該向哪個方向前行，不知道該
怎樣奮鬥，甚至不知道自己為了什麼而活著。

世界上最貧窮的並非那些身無分文的人，而是那些沒有遠見的人，沒有
遠見的人眼中就只有那些看得見、摸得著的東西，而有遠見的人眼中是整個
世界。

馬雲剛剛建立阿里巴巴的時候就提出了企業活 80 年的目標，在阿里巴巴
5 週年慶典的時候，馬雲又提出了新目標——阿里巴巴要做 102 年的公司。

在馬雲看來，自己所提出的目標越明確，員工才越知道自己要做什麼。
馬雲說：「阿里巴巴是在 1999 年誕生的，在 20 世紀存活了一年，在這個世
紀再存活 100 年，下世紀活 1 年，就是 102 年，橫跨三個世紀。在這 102 年
之間，任何一個時間失敗了，都表示我沒有成功。」

2006 年的時候，馬雲再次強調了這個 102 年企業的計畫，正是因為這
個目標，馬雲決定阿里巴巴的淘寶繼續免費。一個人、一個企業究竟能走多
遠，關鍵是看你有沒有目標。

2008 年的時候，超越了對手易趣之後，馬雲將目標定位在追趕亞馬遜、
eBaY，10 年之內趕超沃爾瑪上，但馬雲仍舊用以往誇張的語氣說道：「我要
讓沃爾瑪後悔讓中國產生了一個淘寶，那時卻沒能與它合作！」

表面上，這些目標非常遙遠，甚至難以實現，因為沃爾瑪在 2007 年的
時候營業額高達 14 兆新臺幣，淘寶同年的交易額僅為 1,732 億新臺幣，預計
在 2008 年的時候能夠突破 4,000 億新臺幣，即便這樣，沃爾瑪仍舊是它好
幾倍。可馬雲的目標並未因此而改變，他也沒有因此畏懼，在他看來，即便

有差距，差距很大，也要敢於想像超越，如果連想的勇氣都沒有，那就真的什麼也做不到了。

目標就是行動的依據，它會告訴我們將要得到什麼，同時召喚我們去行動，沒有目標的人就如同沿街乞討、沒有歸宿的人，有了目標之後，他們才會有「安全感」，才能夠發揮出自己的潛能。

沒有前進的目標，人就會迷失方向，不知道何去何從；沒有奮鬥的目標，人就會不知道自己該做什麼；沒有人生的目標，人就會不知道自己為什麼而活。人與目標之間的關係就如同生命與空氣之間的關係那樣，沒有空氣，人類就會因為呼吸衰竭而死亡；沒有目標，人們努力奮鬥的結果也是不值得讚揚的，在外人眼中一生平庸。

有很多人，他們工作踏實、認真、刻苦，從來不偷懶，也沒想過投機取巧，可他們歷經千辛萬苦之後獲得的仍舊是微薄的、僅僅夠養家糊口的薪水，他們從未因為自己的敬業而驕傲過，也不認為那有什麼值得驕傲。

還有一些人，雖然不像上述那些人那麼勤奮，所獲得的成就卻比他們大得多，因為這些人為自己制定了很高的人生目標，在奮鬥的過程中，他們目標明確，不達目的誓不甘休。可上述那些人呢？他們沒有目的地奮鬥著，認為自己的工作枯燥無味，認為自己的付出與回報不等，因此，他們所能獲得的僅僅是溫飽，而有目標的人獲得的更多，過著比他們更富裕的生活。

所有的成功人士都有個共同特徵：為自己定下了很高的人生奮鬥目標。目標能夠迫使人們完成任務，想獲得成功，首先要做的就是制定目標。

馬雲說過：「創業沒有先、沒有後、沒有大、沒有小，每個人都是在同一跑線上。」沒錯，只要我們制定了創業的目標，我們就會向著成功之路邁進一步！

做正確的事，正確地做事

做正確的事，正確地做事有多重要，這已經不僅僅關乎企業的發展問題了，更是涉及到企業的生存問題。

創辦阿里巴巴的時候，馬雲想的就是創辦出一家屬於中國自己的電子商務網站，可以將買賣雙方資訊發布到網上。

做事的時候，應該盡量確保所做的事是正確的。對於普通人來說，最容易做的就是錯誤的決策，好的決策通常在取捨之間，你往往難以辨別它的好壞。

馬雲作為阿里巴巴的領導者，在面對重大決策的時候也同樣會出現錯誤，而在取捨表現出來的就是好和壞的差別。

做決定的時候最忌諱的就是面面俱到，應該有突破點，將所有的資源集中在一點上才能夠有所突破，應該明確出發點和進攻點。

策略對於一個企業來說意義重大，企業在成長的過程中，都希望自己能強大，希望自己是最後的倖存者，但是想要生存達到這些目的，首先要做的應該是讓自己的企業活下來。

企業和俠客不同，不能意氣用事，應該明白自己的目標是什麼，對客戶有什麼利益，誰才是真正的競爭者。

一個傑出的企業應該懂得如何去為我們的社會創造價值，用良好的業績去支援，以獲得更大的發展空間。

馬雲說，想談理想可以，首先要有好的收入，否則其他的無從談起。兩面兼顧，不能顧左而不顧右，才能共同前進。

馬雲一直認為：大公司必須有小的作為，而小公司應該有遠大夢想。很多公司都是，做得還不怎麼樣，先空談理想，讓人難懂具體目標；而大公司創業就展現在這小作為上，小公司的作為展現在遠大理想上。

馬雲堅信，十年之後，世界上的三大網際網路公司肯定會有一家來自中

國，可能不是阿里巴巴，但一定是阿里巴巴所追求的目標。

試想，如果公司將過多的期待放在對未來的憧憬上，怎麼可能會有所成就，「正事」都不做了，天天望著天上有沒有掉「餡餅」，不用說大家也知道，遲早會被餓死。

如果沒有理想，或者是找錯了方向也是不行的。首先，一個沒有理想的人就相當於沒有方向的人，換成企業也是如此，沒有方向，企業就會不知道朝哪個方向發展，停滯不前，等待他們的可能只有倒閉。

如果是選錯方向呢？選錯方向如果能夠及時更改還可以，沒能及時更改，一錯再錯，到最後後悔都來不及，加速企業的倒閉。

前行不意味盲從，目標一定要明確

關明生是幫助阿里巴巴度過危難時期的「鐵血宰相」。他把馬雲想到，但是做不到的團隊文化、價值觀發揮至極致，並且透過多年的摸索、經驗的累積之後將管理思想升級，打造出屬於自己的、特有的「阿里文化」

2001 年 1 月的時候，經過一年折騰之後，阿里巴巴帳面資金就只剩下 700 萬美元了，然而這還不是要緊的事情，要命的是阿里巴巴沒有找到可以賺錢的路線。

阿里巴巴的投資者們，過慣了闊綽的日子，因此在阿里巴巴對外擴張計畫成為泡影後，紛紛露出了追求利益的真面目，並且威脅：「再不盈利，就將網站拆了。」

沒有了資金來源，馬雲只好將很多業務停下來，就在這時，馬雲想到了孫正義的好處，正是那 2,000 萬美元拯救了馬雲和阿里巴巴。

正當阿里巴巴遭遇資金困難的時候，外界的質疑聲紛紛響起，甚至有人說阿里巴巴不是電子商務，說如果阿里巴巴可以成功，就相當於「將一艘萬頓巨輪放到珠穆朗瑪峰上」，對於這句話，馬雲始終記在心裡。

就在這個危急關頭，關明生加入了阿里巴巴，他是個風趣幽默、在美國

通用電氣（General Electric Company）工作了 15 年的香港人，阿里巴巴透過獵頭公司尋找到他。

在關明生加入阿里巴巴之前，馬雲和他在餐館中交談了近 4 個小時，主題就是阿里巴巴的目標、使命、價值觀，雖然話題看似枯燥乏味，但是他們相談甚歡。最後，馬雲決定由關明生來代替自己的位置。

2001 年 1 月 6 日，關明生正式加入阿里巴巴，13 日，阿里巴巴早期創始人在關明生辦公室開了一整天的會。

會議的內容以「目標、使命、價值觀」為中心，那次會議，馬雲也被關明生問倒了：「我們講了這麼久的目標、使命、價值觀，有沒有寫下來？」馬雲持續沉默了 5 分鐘，之後回答：「你講的很對，我們沒有寫下來，從來沒有把我們的目標、使命、價值觀寫下來。」

沒錯，自阿里巴巴創業至此已經有兩年的時間，而這是第一次認真對待「目標、使命、價值觀」。之前，參與阿里巴巴創業的人平均年齡不超過 25 歲，他們大多數其實是非常盲目的，在熱情的推動下前行著。

即使是十八羅漢之間生出了矛盾，馬雲也只是將他們召集在一起，將話放到桌面上說，之後盡情宣洩、辯解、痛哭，直到最後和解。

從來沒有人認真想過，大家一起創業這麼久為什麼會出現這麼多矛盾？有這樣一句話形容創業：「一年合夥，兩年紅火，三年散夥。」原因很簡單，最初大家一起創業，靠的是一股熱情，一旦這股熱情退去，目標感也就消失了。

之後馬雲回味時，曾經這樣比喻過自己的團隊：「在阿里巴巴跟這麼多聰明、有熱情、充滿創新精神的人一起工作，就好像是兩百人在踢足球。足球場上足球飛到那邊去了，整批人都衝過去，結果還沒到那個地方，球又被踢到另一個地方了，大家再一起衝過去，結果來回兩個小時，足球都沒摸到，出了一身臭汗。」

關明生說：「這就是為什麼我說不行，我們必須在自己的價值觀上找出

一些東西支持這個，很自然的就有系統出來。」

就這樣，阿里巴巴確認了「客戶第一，員工第二，股東第三」的理念，並且一直秉承。意識到自己的錯誤之後，及時改正，堅持不懈，這就是馬雲的優點之一。

在確立價值觀的時候，馬雲也想到了很多點子，當時阿里巴巴確立了九條價值觀，被稱作「獨孤九劍」，而重要的是價值觀確立之後的執行。

從 2001 年開始，阿里巴巴有了「入職培訓」這一項，那一年，是馬雲，也是阿里巴巴人目標感最清晰的一年。當時，馬雲讓大家用一句話概括如何明確客戶第一，大家想了很多，什麼「讓生意不要太難做」，「讓生意做起來更容易」……然後這些話的氣勢並不能達到想要的效果，最後馬雲概括了一句「讓天下沒有難做的生意。」會議場上，氣氛頓時沸騰。由此我們也能看出馬雲的確是個以天下為導向的人。

雖然很多人認為關明生是個「務虛主義者」，但是馬雲卻明白，這裡的「務虛」是非常重要的，有人認為關明生好比一個「書生」，但馬雲卻給予了他非常重要的執行地位。

具有「變」的觀念，前途一片光明

只有擁有「變」的觀念，不斷根據周圍環境變化調整自己的行動，才能充分適應新形勢，才能有好前途。

無論人、事，還是物，都並非一成不變，一切都在變化之中，一切都在不斷變化。面對這些變化，畏懼或逃避都是不正確的做法。

我們應該用正向心態去迎接變化、認識變化，同時調整、改善自己，只有這樣，才可以成為真正的強者。

網際網路最大的特徵是易變性，所以，如果能夠提前預測變化，搶在變化之前採取行動是最好的方法。

馬雲建立阿里巴巴之後，很多電子商務公司是面向大企業的，但是馬雲

做出過多次大膽預測，網路普及之後，大公司模式就會終結，因為到了網路時代之後，公司想要投入市場並不會花費太多資金，中小型企業能夠從網路大量的即時性資訊中獲得很多市場機會。

當時，除了馬雲，幾乎沒有人看到這種動向，於是馬雲想：「我為什麼不能給這些企業一個網路出口呢？」就這樣，一個不同於任何電子商務模式、專門服務於中小企業的「阿里巴巴」誕生了。

馬雲是這樣看待變化的，除了夢想，唯一不變的就是變化。當今世界高速變化，阿里巴巴的產業在變，它的運行環境在變，阿里巴巴上下的員工也在變，阿里巴巴的對手也在變……

阿里巴巴懂得突破自我，迎接變化。對於該行業的特點有深刻認識，堅信變化為生活中的實質。公司中出現變化，一定要認真思考，充分理解，接受影響，同時帶動同事接受變化、應對變化。

如果變化對個人產生了影響，應該充分思考之後表示理解，然後溝通、誠意配合。工作的過程中要善於自我調節，有前瞻意識，用新方法和新思路去應對問題。變化之後如果遇到了挫折、失敗，應該及時重整旗鼓，用更加積極的心態投身於改進的過程之中。

2000 年時，馬雲又一次捕捉到了為危險氣息 —— 網際網路中的又一次變幻。當時，網路經濟如泡沫一般破滅，國內外的網際網路公司經濟蕭條，在那個時候，有些企業的朋友問馬雲今年在做什麼？

馬雲回答說擴大阿里巴巴生產。談起這件事的時候，馬雲是這樣說的：「他們都以為我的回答是用大而化之的說法蒙他們，事實上，這真的是阿里巴巴 2001 年時的任務。就在這一年，阿里巴巴順利完成了「中國供應商」計畫，同年 9 月，馬雲開始對外宣布：「今年，阿里巴巴一定要賺錢。」

馬雲是個能夠提前嗅到變化的精明人物，同時他也是領導者中為數不多的能夠接受變化，應對變化，利用變化的人，並且在變化之中受益。

一個人或一個企業，如果在思路、方法、工作崗位上永遠以一個模式去

做事，沒有「變」的理念，那麼這個人是很難有任何突破的，只有當你具備了敏銳的嗅覺和迅疾的視覺之後，將「變」的觀念根深蒂固後，才能夠有功的機會。

沒有把握的事情，寧願不做

> 做自己最熟悉、最擅長的事情就是自己和別人之間最大的區別，也是在社會上生存的基礎，想創業，應該選擇自己熟悉的事業。

在不具備某方面的能力或者是不熟悉某個行業的時候，更不能主觀臆斷做事，沒有把握的事情最好不要浪費時間去做，盲目做事成功的機率會非常小。

我們可以對某些行業略懂一二，甚至一竅不通，但是對於自己想要從事或者正在從事的行業如果仍舊一竅不通就非常危險了，因為從事自己不熟悉的行業容易主觀臆斷，最終大事沒做成，甚至原本的業績也保不住。

馬雲參加哈佛演講的過程中，有學生向他詢問成功的祕訣，馬雲卻將自己的成功調侃為：第一沒錢；第二對網際網路一竅不通；第三是長得像傻瓜一樣。

的確，馬雲剛剛創業的時候手裡沒錢，只能將自己和員工手中的錢湊數，他也的確對網際網路一竅不通，據說他對電腦的了解只是停留在發郵件的水準。當然了，他的成功並非真的是這些缺點塑造而成，還有一點非常重要，就是馬雲從來不做沒把握的事情，這一點非常關鍵。

馬雲最初創業的時候辦了海博翻譯社，辦翻譯社的原因是馬雲的英文講的非常好，就連說夢話的時候講的都是英文，僅從這幾點也能看出馬雲的英文水準的確了得。就是因為馬雲的英文水準很高，所以他才創辦海博翻譯社。

之後馬雲建立了阿里巴巴，有人會疑惑，馬雲既然不會做沒把握的事情，他不懂電腦，為什麼還要搞網路？

原因很簡單，馬雲熟悉電子商務，他正式做的第一個專案就是「中國黃頁」，其實那就是最早的電子商務。

透過搞「中國黃頁」，馬雲看到了中國中小企業對資訊的迫切需求，使得他對電子商務有了了解，因此做起來得心應手，終於取得成功。

俗話說得好：「一招鮮，吃遍天。」馬雲曾經說過：「一個正確的制定策略過程，首先要做正確的事，再有就是正確地做事。你做正確的事，就可以事半功倍，如果你做的事是錯誤的，後邊做得越正確，死得越快。所以我覺得，作為一個隊長，首先要明白，做正確的事，然後再正確地去做事，這兩個千萬不要顛倒。」

做事的時候不能拘泥，但更要選擇正確。打個比方，如果老虎只盯著強壯的公牛，就會大量耗費精力和體力，甚至很難飽餐一頓，如果照著這種形式發展下去，很可能會導致種族滅絕。

反之，如果老虎準確衡量自己的速度和耐力，將目標物件集中在老弱病殘的牛身上，那麼就能夠改善這種狀況，繁衍生息，經久不衰。

最優秀的合作夥伴，不一定適合你

創業過程中選擇合夥人的時候一定要理智，將其當成一項重要工作，因為它與你的創業成敗息息相關。

馬雲曾經說過：「創業要找最適合的人，不要找最優秀的人。」俗話說得好：「三個臭皮匠，頂個諸葛亮。」

商場猶如戰場，尤其是商業競爭非常激烈，能賺錢的行業已經被擠滿，因此熱門行業的競爭對手都是非常多的，即便你深諳經營之道，在危機關頭也需要有人拉你一把，所以一定要有一個適合的創業夥伴能陪你度過危機關頭才行。

馬雲的成功，也是與合作夥伴分不開的。他與「十八羅漢」的故事使得人們在談論的時候津津樂道，十八羅漢曾經在湖畔花園和馬雲一起立誓創

業，在這個過程中，經歷無數大大小小的風浪，但是他們卻始終堅守在阿里巴巴各個職位上，追隨馬雲至今，試想，如果沒有這些夥伴，馬雲絕對不可能取得現在的成就。

實際上，在經商過程中，信任、合作都是非常重要的，不管是什麼樣的創業者都有其長處和短處，創業的過程需要綜合各方面素質和能力，如果你有一個適合自己的合作夥伴，那麼你們之間的不足就能夠被彌補，優勢就能夠被發揮至極致，這樣才能稱得上相得益彰。就拿微軟公司的蓋茲（Bill Gates）、艾倫（Paul Allen）來說，他們在創業的過程中優勢就得到了互補。

在很多人看來，生意賺錢的上策是獨立經營，其實這種看法也並非絕對錯誤。我們不難想到，小本生意剛剛開始的時候，每天都要和錢打交道，而涉及到錢的問題非常容易產生矛盾，時間久了，合作者之間就會產生嫌隙，對生意產生負面影響，甚至導致關門大吉。古代經商總結出了這樣的話：「買賣容易，夥計難搭。」由此我們也能看出找到一個適合自己的合作夥伴有多難。

再者，經營公司的過程中，哪怕是個小公司，也會需要大量資金，十幾萬，甚至幾十萬，而這些也不過是起步資金，等到公司進入運營階段的時候，還會需要更多的資金，雖然創業的過程中需要破釜沉舟的精神，但是如果沒有九成以上的把握就將自己的身家性命抵押上去，一旦失敗，將對你的生活造成不可彌補的損失，但如果你有個可靠的合作夥伴，情形就會大轉，起碼風險會大大降低。

當然，合作的過程並不是要將風險轉移在別人身上一部分，而是風險均攤，利益共用的過程，這並不是不光彩的事情。

同時，合作的過程中能夠充分累積和別人打交道的經驗，為你帶來財富。雖然經商的過程表面上是和錢打交道，實際上是人與人之間的交道。如今，市場風雲突變，只想著自己賺自己的錢，不願意與人合作，獨來獨往，

就會喪失很多賺錢的機會。不和別人合作，一味強調獨立經營，只會讓你在遇到困難的時候孤立無援。

透過上述利弊分析，想必大家也能看到有個理想的合作夥伴是多麼重要的事情，其能夠幫助你走向事業的成功。那麼如何選擇合作伴呢？

很多企業家在選擇合作夥伴的時候想要憑藉「第六感」進行，其實這種做法是非常不理性的，也不能抱著試試的態度，應該從多方思考自己，考慮什麼才是自己真正想要的，充分考慮自己的創業環境、切身利益。

選擇合作夥伴的時候，首先應考慮自己能不能獨自承擔創業風險，如果深思熟慮之後發現自己能夠獨自承擔創業風險，那麼你就可以獨立創業了，這樣可以避免眾多矛盾的產生。尤其是創業初期，由於各種制度的不健全，矛盾很容易產生，如果你覺得自己不能獨自承擔風險，那麼就要考慮合夥創業的事情了。

其次，還應考慮自己能夠從合作夥伴那得到什麼，同時為合作夥伴提供什麼，你們之間是否是一種互補的關係。你要清楚，你需要從合作夥伴手中得到資金、技術、經營場所等必備的東西，同時這些是你一時難以解決的問題。考慮清楚之後，你就能大膽和他一起創業了，如果你還不能觀察到合作者的條件，或者對合作者還不放心，不要急於合作，或者是簽訂有效合同之後合作，防止發生糾紛，影響商業進程。

最後，你應該考慮好自己與合作人之間的性格是否合得來，雖然獨自經營所要承擔的風險比較大，但卻是自己支配自己。而合作企業中，合夥人之間平等，要彼此尊重，相互諒解，關係比我們普通人之間複雜很多，處理起來也比較困難。尤其是遇到性格有問題的合作人時，由於缺乏團隊精神，與他們一路行走，只有失敗一條路。

最賺錢的計畫，不一定適合你

最賺錢的計畫不一定適合你，應該找適合自己的專案去投資、去做，這樣

才能有熱情一直做下去，才會離成功越來越近。

馬雲曾經說過：「一個計畫，一個想法如果不夠獨特的話，很難吸引別人。」第一次創業，應該有自己的想法，不能「跟風」。

雖然創業者自身能力對於創業能夠成功占很大的因素，但是其所選擇的創業種類也從根本上影響著成功。馬雲在節目中說過這樣的話：「我覺得專案和人不應該是矛盾的，優秀的專案必須有合適的人，優秀的人也必須要合適的專案，然後再加上合適的時間才能成功。」

中國有句古話「隔行如隔山」，雖然社會上的各行各業緊密相連，但各個行業中卻存在著很多有形或無形的差異，每個行業都有其特殊的經營方法，因此，不管你是久經商場，還是剛入社會，涉足於一個自己不熟悉的領域都要慎重。

創業是門學問，涉足一個全新領域做生意，難度很大，商海之中有很多例子都能夠說明這個道理。

就拿炒股來說，很多人還不知道股票是什麼，不明白自己所炒的股的行情就盲目跟從，很容易連本帶利賠進去。很多人認為股票是一種賺錢的簡單方法，其實，在股票市場上，只有少數真正懂得股票的人才能賺到錢，甚至股票老手也可能賠得一塌糊塗，何況是股票市場新手？

股票如此，創業更是如此，這就是為什麼馬雲強調要選擇適合自己的。經商應該以能夠發揮出自身優勢為准，懂得揚長避短，選擇創業行業的時候，應該根據自身情況而定，切忌冒失，闖進自己不熟悉的領域之中。

比如，你擅長某一領域，卻看到另一個不熟悉的領域能夠獲取更大的利益，此時，不要強求自己隔行創業，因為即便你做了也是很難成功的。換一個角度來說，即便你的工作環境、自身優勢或優點不符，仍然能夠利用自身潛能，在本職工作中創造出屬於自己的環境。

一個人想要成功，只有不斷累積自身優勢，才可以將自身優勢轉化為勝

勢。之所以不斷累積優勢，是因為現在數位資訊化社會變化多端，昨天的優勢到了今天很可能變為劣勢。

當然，也並不是說完全不可以涉足陌生領域，如果你對某個行業不熟悉，但是經過潛心研究之後，迅速掌握了該行業，堅信自己出錯率不高，如此，是可以涉足的。或者你不懂這個行業，而你的合夥人卻是這個行業的行家，你也是可以涉足的。

就拿馬雲來說，他雖然不懂電腦和技術，卻將阿里巴巴做成了世界數一數二的電子網站，憑藉的就是他在每一個領域中所選擇的人才。

做為一個創業者或經商者，不管你是轉行還是剛剛涉入該領域，都應該仔細認清自己有沒有從事該行業的能力，如果僅僅是憑藉主觀願望做事，那麼你的美好願望很可能會落空。有些人在本行業做的非常出色，但是換成另外一個行業的時候卻仍舊用此道行事，註定會失敗。我們可以將一個人的轉行看成一次巨變，要迅速走向成功是不實際的。

從經商的角度上說，創業者創辦公司，最忌諱從涉足陌生、沒把握的領域開始。你熟悉服務行業，就從服務行業做起；你熟悉銷售行業，就應該從銷售行業做起。不能看到服裝行業獲利頗多就轉而經營服裝行業，創業的時候弄清這一點，創業成功的機率才會更大一些。

馬雲的創業經驗告訴我們，創業和趕時髦是兩個完全不同的概念，不能因為某個行業被炒成熱門行業而急忙追尋，在弄清行業特徵、事實之前盲從是非常危險的，也是對自身、企業投資者、合作者不負責的表現。找到適合自己的行業才能在該行業有所成就。

禁得住機會誘惑，機會太多容易犯錯

> 一個公司在兩種情況下最容易犯錯，第一是有太多錢的時候，第二是面對太多機會的時候。

商場之上，懂得把握機會是正確的，但是在面對眾多機會的時候能不能

把握機會也是一種計謀和策略。

經濟活動的基本規律就是：機遇的背後是風險。對於創業者來說，只有在具備一定資金、技術、團隊以後，懂得評估風險和收益，才能引領企業走向成功。

失敗的企業都有這樣的共同點：未能抵擋住誘惑，戰線過長，最後問題重重，不是哪個機會都沒抓住，就是抓錯了機會，因此創業者要腳踏實地走好每一步，懂得抵禦眾多機會的誘惑，以免在機會之中迷失自我。

馬雲對阿里巴巴員工的要求就是要有種腳踏實地的精神，尤其是在創業初期。偏安於江南一隅的阿里巴巴默默無聞，就好像不存在一樣，沒有多少人知道杭州有這樣一家電子商務公司。當時，中國網際網路形勢喧囂而騷動：1999 年～ 2000 年，中國網際網路企業在報紙、電視兩種媒體上面的廣告花費高達 7.8 億新臺幣，加上電臺、雜誌等媒體的廣告費合計近 10 億新臺幣。

當時，中國最大入口網站新浪網 1999 年底、2000 年初廣告投放量占電視廣告投放總量首位；報刊廣告投放方面，著名購物網站 8,848 占全國所有網站投放總額 11%，位居首位。此外，戶外媒體也成了各大網路公司競相投放廣告的目標，在北京、上海等大城市中，戶外燈箱廣告曝光率最高的為新浪、網易、搜狐等。

透過上述介紹，我們也能看出當時的網際網路可謂前景大好，在很多人眼中，當時的網際網路滿是機遇，因此很多人將身家投身在網際網路上，可就在此時，馬雲和阿里巴巴卻靜觀其變、按兵不動，與當時的社會形勢形成了巨大反差。

馬雲和阿里巴巴為什麼不採取措施呢？馬雲此時在閉門造車，從 1999 年回到杭州之後，他就決定 6 月之內不主動對外宣傳，先將網站做好。實際上，馬雲希望阿里巴巴可以走一條和其他公司相反的道路，在別人透過廣告吸引眾人眼球的時候，自己踏踏實實做生意，不斷提升自身實力，以便超越對手。

到了 2002 年年底，中國著名網路公司新浪、搜狐等相繼贏利，阿里巴巴網商用戶超過了 400 萬家，馬雲面臨著新的誘惑。

當時很多人都認為阿里巴巴擁有眾多有價值的註冊客戶，為開拓任何領域創造了最佳條件，此時馬雲面臨著極大的選擇：投資遊戲、短信，還是繼續做電子商務？最終，馬雲堅持了自己的初衷，決定沿著這條路一直走下去。

馬雲說，如果自己當初投資遊戲的話，一定會賺錢，但是遊戲改變不了中國，也不是阿里巴巴的使命，或者說想做的事情。在網路遊戲的領域之中，做得最大的是美國、日本、韓國，可他們並不鼓勵自己國家的人玩遊戲，中國的多數家庭都在阻止孩子玩遊戲。如果當時馬雲帶領阿里巴巴投資短信領域也是非常賺錢的，但是他卻沒有更改過自己的方向，雖然前路曾出現過無數次機遇和誘惑，但是他卻沒有改變過自己的初衷，這是非常值得年輕一代學習的。

居安思危，隨時應對危機

居安思危，在成功的時候不墮落，不鬆懈，並保持冷靜的頭腦，看清未來的走向，這樣才能在危機到來的時候做好思想和行動準備，從而化解危機。否則，就會被市場淘汰。

在自然界中，蜜蜂和蝴蝶都喜歡圍著花轉，不同的是蜜蜂將採集到的花粉儲備起來，而蝴蝶在採集完花粉後馬上就給吃掉了，當冬季到來後，蜜蜂在溫暖的蜂窩中品嘗著甜甜的蜜，而蝴蝶只能在飢寒交迫中死亡。無論在生活中，還是創業中，我們都應該向蜜蜂學習，有準備過冬的心態，用一個成語來說，就是居安思危。

現在，我們可以來看一則小故事：

在春秋時期，一次，十二個國家聯合在一起攻打鄭國。鄭國的君主在獲知這一消息後，馬上就驚慌失措了，馬上與這十二個國家之中的國家晉國求

和。那時，晉國是最大的，晉國同意不攻打鄭國了，所以其他國家也就沒有動靜了。

之後，鄭國為了向晉國表達謝意，送給晉國很多禮物。這讓晉國非常興奮，還將其中的一些禮物贈給了他的功臣——魏絳，並說道：「你一直為我獻計策，事情進展得很好，真的太好啦，現在我們一起來享受！」

但是，魏絳並沒有接受他的贈予，還對他說：「我們國家做事情一直都很順利，這與主公您的才能是分不開的，其次是同僚們的團結一致，我個人的貢獻是微乎其微的！我希望您在享受安樂的時候，要知道國家的事情還有很多需要處理。《書經》上有一句話是這樣的：『居安思危，思則有備，有備無患。』現在我用這句話勸誡一下主公！」

晉悼公聽完了魏絳的話，心中充滿了感動。所以他欣然接受了這個勸誡。

透過這則故事，我們可以看出魏絳在面對安樂生活時居安思危的遠見，若是晉悼公沒有聽從魏絳的勸誡，晉國的未來就可能會遇到很多危機。

創業也是如此，在任何時候都應該有著居安思危的意識，這樣才能在商場中屹立不倒。但有不少創業者都經常會出現相同的錯誤，就是在剛剛創業的時候非常努力刻苦，最終終於創業成功。然而，在他取得這個階段性的成功後，開始自高自大，總是出席一些浪費時間的場所，對公司事務一概不理，最終，公司在出現短短的輝煌後很快就倒閉了。對於創業者而言，一刻也不能放鬆，在任何時候都應該有著強烈的危機感，就算自己現在所處的環境非常安逸，也不能放鬆警惕，要隨時都和蜜蜂一樣，準備好冬天的來臨。

在這個問題上，馬雲做得就非常好。

當阿里巴巴的股票上市之後，股價在很短的時間內就變為了發行價的三倍。每個人都感覺馬雲非常成功，為他喝彩。但令所有人都出乎意料的是，馬雲說：「冬天要來了，我們要準備過冬！」

人們覺得馬雲想多了，是杞人憂天。但是，事情和馬雲預想的一樣，在

大家的喝彩中，馬雲和阿里巴巴身後的暴風雨逐漸逼近。沒過多長時間，阿里巴巴就遭遇到了危機。

有些人感覺很不可思議，就問馬雲：「你是怎麼預知冬天就要來臨了呢？」

馬雲莞爾一笑，坦白說道：「因為所有來得迅猛的激動和追捧，在退下去的時候速度也會和來的時候一樣！我希望人們可以理性思考股價。在阿里巴巴剛剛上市的時候，我就說過，阿里巴巴還會和從前一樣，不會因為上市就減輕自己的使命感。對於今後的股市，所有人都應該不將股價的變化放在心上，應該將客戶放在第一位！記住我們所許下的承諾，包括社會、同事、股東和家人。若是這些承諾都達到了，股票就可以顯示你對公司的貢獻。」

馬雲停頓了一下，接著說道：「我們是這樣判斷全球經濟的：經濟很快就會出現很大的問題，在今後的幾年之中，經濟可能會進入很艱難的時期。我覺得全球的經濟形勢都不是很好，在今後的冬天長得、冷得、複雜得超過人們的想像！我們準備過冬吧！」

按理來說，股價上升，馬雲應該有很大的成就感，但是他卻在準備過冬。透過這一點，我們能看出馬雲具有很強的危機意識，在安穩的時候也能思考危機，時刻準備好過冬。而也正是因為這一點，馬雲和阿里巴巴才沒有在公眾的眼前消失。

危機便是轉機，利用危機鑄就成功

創業者在遇到危機的時候不要驚慌失措，要記住，危機就是轉機，轉機就是商機，利用好了危機，你的企業會越來越強大。而越是躲避危機，危機越是會將你吞食掉。

創業者在經營自己的企業時，總會經歷大風大浪，而且危機四伏。當危機出現時，不少創業者都感覺很彷徨緊張，還有可能會承受不了，選擇放棄，甚至怨天尤人。實際上，危機並沒有人們想像的那樣恐怖，因為在危機

之中藏著很多轉機，若是你可以將危機變成商機，那麼這種危機就不存在了，而且還會給企業創造價值。

在很久以前，有一個農民的毛驢自己落入了枯井之中。那頭淒慘的毛驢一直在枯井中求救，農民在井口也無能為力，但是想了想，毛驢已經很老了，而且這口井也該填起來了，否則自己以後也會掉進去，所以農民決定不要毛驢了。

於是，農民將鄰居們找來，讓他們幫自己填井。毛驢看到大量的泥土砸在了自己身上，明白是怎麼回事了，於是牠非常害怕，大吼大叫，但人們沒有理睬，依然將土放入井中。然而過了一段時間，大家都非常困惑，毛驢的叫聲怎麼沒有了，於是他們就去看了看，感到非常驚奇。

每當有泥土掉落在毛驢背上時，牠就將其迅速抖下來，然後用蹄子使勁踩實。過了一段時間後，毛驢已經能夠到井口了，牠用力一跳，就來到了井外，然後快速跑掉了。

在這個小故事中，毛驢所遭遇的不得不說是一個危機，若是牠不動腦筋思考，肯定就是死路一條，但是牠急中生智，看出了這危機之中所蘊藏的轉機，於是將泥土踩在腳下，逃離了死亡。

創業者也是如此，當企業出現危機時，不應該將自己沉浸在痛苦之中，或者總是抱怨，不動腦筋思考危機背後的轉機，這樣只會讓企業走向滅亡。實際上，阿里巴巴也遭遇過危機，那麼，馬雲究竟是如何將危機變成轉機的呢？

在 1999 年，在馬雲的帶領下，阿里巴巴被越來越多的人所知，他宣布要在海外占領一部分市場。等到 2000 年時，阿里巴巴真的在海外多個地區有了業務，比如美國、韓國、倫敦等。

但是，隨著阿里巴巴的迅速擴張，馬雲在管理的時候感覺很不自如。這是因為在阿里巴巴工作的員工是來自全球的有才之士，他們各自有著自己的理論和方法，所以存在很大的不同。其中最大的爭議就是公司該向哪個方向

發展，比如，在美國矽谷的阿里巴巴員工認為技術最為重要，只有全力發展技術，才能將公司企業交易的問題解決掉；但是在香港總部的總裁卻覺得應該向資本市場發展；香港的員工認為公司應該轉型……每個人的意見都不一樣。

這時，馬雲沒有主見了，他覺得每個人說的都有道理，阿里巴巴究竟該向哪個方向發展呢？馬雲一直在思考這個問題，但是始終沒有定論。

就在這時，出現了一個更加嚴重的問題：網站剛剛建好，馬雲就發現了失誤，在這裡聚集著大量的技術菁英，但是阿里巴巴網上交易需要的貿易人才卻要從紐約、三藩市空降到矽谷來工作，這樣使得成本變大了不少。那時經濟不穩定，使得不少網際網路公司都關門了，而阿里巴巴在矽谷的研究中心也非常不穩定。

在這種十分危急的狀況下，若不馬上自救，阿里巴巴就有可能會倒閉。此時的馬雲並沒有慌亂，而是保持冷靜的頭腦去思考，他覺得阿里巴巴所採取的策略是全世界的眼光，他自己和團隊的任務就是讓阿里巴巴在世界的每一個角落都生根發芽。但如果現在繼續這樣做，阿里巴巴就沒有後援力量了，所以阿里巴巴應該撤退，然後採取當地制勝的方針，等公司有了自己的文化和勢力後，再打到國外去。除此之外，網際網路公司都要在經營兩三年後才能看到收益，而在這兩三年之中沒有辦法給三五百人創造一個很好的生活條件，所以馬雲做出了一個讓大家感到吃驚的決定，就是全球大裁員。

在這個時候，阿里巴巴了調整，將很多地方的辦事處都撤掉了，比如上海、昆明、美國等地的辦事處。

在 2000 到 2001 年期間，網路泡沫消失了，網際網路真正進入了冬天。在 2002 年，網際網路進入了最艱難的時期，不少網路公司都在執行收縮策略，而阿里巴巴在之前就裁員了，所以在此時繼續在各處參展，擴大市場。就這樣，阿里巴巴在國外擁有了很多有實力的買家，這為今後的進出口貿易做了很好的鋪墊。

　　從馬雲的這段經歷來看，可以知道馬雲是一個非常會利用危機的人，當生意不好做的時候，他知道危機來了，此時他沒有慌亂，而是仔細分析思考，在危機中發現了轉機，然後採取自救行動，雖然他短暫失去了不少海外市場，但是這讓他的實力更加雄厚了，在別人收縮的時候，他卻在擴展，在市場獨領風騷。

第七章
對待事業，專一才能成就卓越

敬愛你的行業，才能談及成功

對於創業者來說，敬業精神是創業的精神食糧，使創業者的創業勇氣越來越強，甚至可以使各方面的能力得到提升。

如今，每一個已經走出校門的人都在自己的行業上奮鬥著，有些人非常敬業，工作很認真；有些人卻不重視自己的行業，得過且過，而且對工作很不負責。由於這兩種人對工作截然不同的態度，他們的結局也是不同的。

在社會中，不管是自己創業，還是為他人打工，敬業是首先要做到的一點，因為只有這樣，你才能將自己的經歷全部放在工作上，你的事業才能逐漸走向成功。對於一位創業者而言，敬業精神更加重要，因為他們需要創業，而敬業是創業的基本條件和前提。一個人不敬業，就不會在工作中找到樂趣，那也就不會在工作上付出太多，這樣成功無從談起。

在馬雲看來，他的員工一定要具備敬業精神，因為他覺得員工不敬業，他和員工們都是失敗者。他自己做得就非常好。他說：「既然在工作，就一定要敬業。一個當不好士兵的將軍一定不是好將軍。」

一次，馬雲擔任電視臺評審，當時再過一秒，節目就要開始錄製了，但是評審卻還沒有來，他們都非常著急，就在大家都非常慌亂的時候，一個身材瘦小的人闖進了他們的視線，大家定睛一看，才知道那是馬雲，他焦急的去了化妝間。

他們沒有按捺住內心的好奇，於是有人就開口問：「馬雲今天為什麼遲到了呢？」

那個人說：「飛機晚了很長時間，馬雲連行李都沒拿就直接過來了。」

在五分鐘後，馬雲化好妝出來了，然後直接來到了攝影棚。在錄製節目的時候，主持人對馬雲說：「現在鏡頭沒照你，快點吃些東西吧！」馬雲搖了搖手，表示不用了，他就這樣堅持到節目錄製完畢。

透過馬雲這則小故事，我們可以知道，馬雲非常敬業。不僅馬雲本人敬

業，他還要求阿里巴巴的員工要敬業，可以說，敬業是馬雲和阿里巴巴成功的因素之一。我們知道，敬業不一定就能帶著我們通往成功之路，但是不敬業，你連踏上路的資格都沒有。

有一個很有才華的年輕人，他叫董鵬，他總是自以為是，對待工作不上心。他的同事對他的這種行為非常好奇，就問他，沒想到他卻說：「這個公司並不是我自己的，我做這麼好有什麼用啊！若是我有一家公司，我肯定和老闆一樣沒晝沒夜工作，也許比他還出色。」

在不久之後，董鵬創立了自己的公司，在剛開始的時候，他和朋友說：「我會用我全部的心血來經營它的，因為這是我自己的。」

朋友聽完這句話就笑了，說道：「恭喜你！不過，你一定要做好準備迎接今後可能會出現的困難。」

董鵬聽後並未將這句話放在心上。在半年後，他的公司倒閉了，此時，他只能再次為他人工作。也是在這種情況下，他理解了朋友之前對他說的話。

在敬業方面，馬雲無疑是正面例子，而董鵬就是一個反面教材，不管是創業者，還是打工者，若是想讓自己的事業有聲有色，就應該向馬雲學習，對待每一件小事都要敬業，這樣才能有機會成功。在平時連小事情都不願意認真去完成的人，遇到大事情，註定會難以完成。

因此，處於任何行業人，都應該敬業，不要以為這不是在為自己做事，這恰恰是在累積你的經驗，為你今後的發展做準備。

事業，也需要一點點樂趣

創業者在創業的時候，往往會因為遇到困難或遭受到打擊而選擇了放棄，這樣只會一事無成，當你對創業無望時，支撐你繼續向前的就是你對創業的興趣，只有有興趣了，你才能有面對明天的鬥志，你也才能有可能擁抱成功。

在創業的路上，註定是孤獨的、枯燥的，甚至是被人排斥的。這些負面因素在困難面前會更加凸顯，讓創業者感到身心疲憊。怎樣才能為創業減壓呢？你應該學會怎樣在事業中尋找樂趣。

沃克萊是一位工人，他很厭惡自己的工作，每天早上一睜眼想到的就是堆積如山的螺絲釘，然後他的神情就黯淡了，他總是想，為什麼自己會選擇這份職業，這是一個周而復始的工作，釘子旋完了，還有釘子要旋。只要想一想，他就覺得很可怕。

在同一個車間工作的荷維德在得知沃克萊的狀況後，就知道怎麼回事了。他也對這份工作非常厭惡，於是，他就和沃克萊說：「我和你一樣，不太喜歡這工作，但是無能無力啊，若是我們和老闆說給幫我們換一個不只是這種簡單機械的體力工作，他一定很蔑視我們。但如果我們辭掉工作，真的不甘心啊，這畢竟是我們好不容易才找到的工作啊！」

沃克萊聽完同事的話，非常鬱悶，說道：「我們沒有辦法讓這個工作變化一下嗎？一定會有的，這必須動我們的頭腦。」

剛剛說完這句話，沃克萊就想到，要是將這份工作變成一種很有趣的遊戲，工作起來就高興多了。於是，他和他的同事說：「現在，我們來進行一場比賽吧，你來磨釘子，我將它們旋成規定的尺寸，我們看看誰弄得快。要是一會兒你不想磨了，我們再交換著做。」

他的同事覺得這樣會很有意思，就答應他這樣做了。這樣下來，沃克萊再也沒有感到工作缺乏樂趣了，還提升工作效率了。後來，老闆給他們換了一份更好的工作。最終沃克萊竟然成為了一位廠長。

這個小故事告訴我們，若是在工作和創業中感覺非常枯燥，可以將其變成一種遊戲，這樣就會發現工作中的樂趣，從而願意工作。我們知道馬雲的創業之路也是非常艱辛的，那麼他和他的團隊是怎樣在枯燥和煩悶的創業中尋找樂趣的呢？

在馬雲再次回到杭州創業時，所有人都很難過。因為在北京，他們發展

得還不錯，這次回到杭州，他們不知道會遭遇怎樣的艱難險阻，未來一片渺茫。

馬雲和他的團隊在離開北京前，舉辦了告別宴會，每個人都心情低落，他們吃著飯，表情失落，但是也能看出對未來的堅毅和希望。此時，不知誰唱了一首歌的開頭，所有人都跟著唱了起來。

「在我心中，曾經有一個夢，要用歌聲讓你忘掉所有的痛，燦爛星空，誰是真的英雄……把握生命裡的每一分鐘，全力以赴我們心中的夢，不經歷風雨怎麼見彩虹，沒有人能隨隨便便成功……」

在唱這首歌的時候，大家眼中的淚水都在打轉。宴會舉行完畢後，大家來到了外面，望著北京的天空，曾經的一切都浮現在了眼前，雖然充滿感傷，但是所有人都明白，和那首歌一樣，「不經歷風雨，怎麼見彩虹，沒有人能隨隨便便成功」，他們對未來又充滿鬥志了。

看看馬雲的創業之路，我們不難感受到他和團隊所經歷的艱難困苦，他們從杭州來北京發展，但是在北京的事業剛剛有所好轉時，馬雲又帶著自己的團隊回到杭州創業。別人非常不理解馬雲的做法，但是馬雲和他的團隊非常明白，他們是在苦中作樂。創業之路雖然艱辛，甚至沒有方向，但是他們依然充滿鬥志。

透過馬雲和團隊們的告別宴會，我們可以知道，他們是在用唱歌的方法來激勵自己，一定要堅持，這也是在創業中尋找樂趣的方法。

當創業者感覺自己快堅持不下去了，不妨尋找一下創業之中的樂趣和鬥志。

堅信你自己在做什麼就足矣

堅信自己所做的，永不言棄，也是一種敬業。若是創業者不能堅信自己的所作所為，創業註定會失敗。

但丁在《神曲》之中說了一句非常經典的話：走自己的路，讓別人去說

吧！沒錯，在這個世界上最不缺少的就是人，每個人都有一張嘴，若是創業者在創業的過程中聽遍每一張嘴所說的話，那就不要創業了。因為有些人喜歡搬弄是非，有些人圖謀不軌，還有些人為了自己利益傷害他人……對待這些人的言論，我們唯一的應對方法就是：不理睬。我們一定要堅信自己在做什麼，不要受他人嘴巴的影響。

當然，有些人的言論還是要聽的，因為他們的批評和建議是以為你好為出發點的，接受這些建議和批評，你會得到更大的進步。

馬雲之所以可以成立中國最大的網路公司，其中一個很重要的原因就是他堅信自己在做什麼。

當馬雲從美國回到中國後，他意識到了人類今後的生活會因為網際網路而出現巨大的變化。所以他馬上邀請自己 24 位朋友到家中。當大家都來到後，馬雲說出了自己的想法：他想要創立網際網路。

聽完馬雲的話，讓大家投票表決，最後只有一個人贊同他的說法。

雖然馬雲沒有得到大家的支持，但是他卻依然堅信自己所要做的事情，在 7 天之後，創立了一家公司，其實這個公司就是中國黃頁。

在公司剛剛創立起來後，馬雲的想法很簡單，就是想將中國所有企業的資料搜集在一起，然後翻譯成外語，用快遞寄到美國，再讓美國的朋友將這些資料記錄在網上，這樣一來，世界就可以認識到中國的企業。他不清楚中國黃頁的發展方向，不過他堅信網際網路在未來發展得肯定很好。

在馬雲對未來迷茫的時候，所有人的態度都不是鼓勵，而是質疑、反對。但是馬雲心中有堅定的信念，他知道自己在做什麼。

馬雲開始向人們介紹網際網路，人們覺得這是一個騙人的工具，即使這樣，但馬雲認為自己所做的是正確的事情，所以風吹不搖，雨打不動，就在朋友們一致的反對中，馬雲堅守在這個行業上，並越來越強大。

在這之後，馬雲創立了阿里巴巴，向人們推薦出一種特殊的模式——B2B，但是剛剛提出來，馬雲又受到了人們群眾的質疑。他們對馬雲非常不

懈，認為馬雲若是能成功，就是上天開了一個玩笑。

然而，馬雲非常自信，他相信總有一天，人們會知道他在做什麼，他告訴他的員工：「別人怎麼說，那是沒辦法的事，你自己要明白，我要去哪裡，我能對社會創造什麼樣的價值。我希望我們能創造一個真正由中國人創辦的全世界感到驕傲的味道的公司，那是我們這一代的夢想。」

就是在這種信念的激勵下，馬雲和他的團隊歷經艱難困苦，讓所有人都看到了 B2B 模式的成功。

從馬雲的創業歷程中不難看出，若是馬雲在乎別人所說的，不知道自己在做什麼，他肯定不能堅持下來，成就阿里巴巴。幸好馬雲一直都知道自己在做什麼，並堅信自己所做的會被人們認同。

作為一位創業者，在創業的時候，也應該有馬雲的自信和信心，堅信自己所做的，不要被他人的言語所影響。

專注做事，成功就在你的腳下

如果一個人能夠專心做一件事，那麼這個人的成功機率就比別人大很多。

馬雲說過，他雖然不知道阿里巴巴以後變成什麼樣子，但是他知道，3～5 年之內，阿里巴巴仍舊會用電子商務來發展公司，不會離開這個中心，不會因為追求潮流而改變，也不會別人做什麼阿里巴巴就做什麼，這不是馬雲的風格，也不是阿里巴巴的做事原則。

馬雲說，阿里巴巴不會因為 Google 和百度的股票上漲而「跟風」做些什麼，就像以前他不相信短信會改變網際網路那樣，不相信遊戲會改變生活那樣。他沒有做優秀，因為他不想讓自己的兒子、別人的兒子玩遊戲。

他非常看好中國電子商務，也相信它一定會對中國的經濟產生影響。馬雲認為，創業的過程中應該懂得「建立自我，追求忘我」，一定要能將自己的個性忘掉。無論自己的公司在哪，決定權在你的心和你的眼光中。

就像肯德基不在紐約，在全世界上那樣，公司在什麼地方不重要，重要的是你的心思、眼光有沒有放對地方。企業定位的過程中應該明白，自己的產品能走多遠，換地方、換產品對於企業來說都是巨大的挑戰，所以，剛開始做一個企業不一定要做多大，但是一定要做好。

創業的過程中，一定要弄清楚亟待解決的問題是什麼，能夠創造出什麼價值來。馬雲說：「概念到今天這個時代已經不能賣錢了，它必須變成具體的東西，哪怕很細節，大家都會欣賞。」無論出於什麼目的，都要將自己的計畫講述清楚，讓在場的每個人都能聽懂。

馬雲認為最大的決心並非對網際網路的信心，他覺得做一件事，經歷就是一種成功，出去闖闖，失敗了還可以掉頭，可如果不做，和「晚上想想千條路，早上起來走原路」的道理一樣。他說：「如果一個年輕人今天和你說他要做什麼，三年後依然說他做這個，而且堅持在做，那你一定要給這個年輕人機會。」

就像馬雲，他一直堅持做網際網路商務，從未間斷過，才有了如今的輝煌。試想，如果馬雲今天想做網路遊戲、明天又對入口網站有所動搖……即使成功，也不會像現在做阿里巴巴那樣成功的。

選擇你的事業，事業才會選擇你

> 一個企業領導者的眼光和選擇是非常重要的。你選擇事業了，事業同樣也會選擇你。

如今，阿里巴巴無疑是非常輝煌的，馬雲之所以能將阿里巴巴帶向成功，離不開他的堅持、實施本土化策略、推出免費機制等因素，其中最關鍵的，也是最容易讓人們忘記的因素，就是馬雲的選擇。

對於領導者而言，每天都會面對很多選擇。選擇向哪個行業發展、選擇用誰管理財務，選擇哪種行銷方式等，選擇的好壞，直接決定企業的發展狀

況。阿里巴巴之所以有今天的成功，一個關鍵的因素就是馬雲和阿里巴巴的高層管理者所做的選擇都是正確的。

在很多人看來，阿里巴巴之所以能成功，主要原因是機遇，馬雲占領了電子商務市場的先發優勢。這個因素是不可置疑的，但是如果沒有馬雲正確的策略，這種先發優勢也無法實現。所以阿里巴巴的成功要歸結馬雲及其團隊正確的策略。

創辦中國黃頁，只是源於一個偶然的機會，雖然最後失敗了，但是馬雲卻收獲了很多，最重要的是讓馬雲發現了中國電子商務廣闊的市場。

在 1990 年，中國改革開放已經很久了，在此期間，出現了不少中小型企業，但是這些企業在拉動中國 GDP 增長的時候，自身所處的環境並不是很樂觀，沒有較大的規模，資金有限，資訊管道不廣，而且還沒有廣闊的銷售管道。

中小型企業在推廣產品的時候非常不容易，經常會被一些規模較大的企業阻礙。在市場競爭日劇激烈的情況下，中小型企業想要生存下來，只有一條道路，就是努力發揮自己人力資源豐厚、成本較低的優勢。

從出生之後，馬雲就在有著眾多中小型企業的江浙地區生活，非常了解中小型企業經營的艱辛。比如，本地生產的茶杯原本售價為 5 美元，但是在國際大超市家樂福中，每個茶杯的售價只有 3 美元。在這種形勢下，中國的中小型企業所生產的商品想要出現在家樂福中，只能降低自己的利潤。這還並不是糟糕的結果，若是家樂福不要訂單了，這家小企業就會損失很多，甚至倒閉。

在 2001 年，世界貿易組織中增添了中國這位新成員。在這之前，中國內地的企業想要進行對外貿易，只能透過「廣交會」、國外展會等方式。沒有銷售管道的中小型企業，雖然經營非常困難，但是沒有辦法，還要接受國外大公司的壓迫。

當網際網路出現的時候，中小型企業就好像有了「救星」，幫助他們解決

了兩個難題：

1. **降低了廣告成本**：在市場推廣方面，中小型企業有很多局限性，沒有太多的資金放在媒體廣告上面，它們通常都是憑藉著口口相傳的方式來維護好與老客戶之間的關係。在網際網路出現後，阿里巴巴不僅能用較低的價格幫助這些企業推廣商品，還能讓他們找到客戶，公司的產品不會僅僅局限於國內，世界各地都能推廣到。

2. **資訊傳遞和獲取比較便捷**：資訊流動不通，通常會受到其所採用的資訊傳播工具的影響。在網際網路還沒有出現的時候，沒有太多資金的中小企業只能絞盡腦汁尋找各種途徑來尋找資源。當網際網路出現後，若是有一個網站上可以顯示出中小企業想要獲得的資訊，請想像一下，中小型企業是不是馬上就會蜂擁而來？

　　現在，我們所知道的阿里巴巴，其任務就是為國內的中小型企業提供服務，透過這一點，阿里巴巴在幫助中小型企業的同時，自己也得到了快速的發展。

　　人們對馬雲長遠的目光讚嘆不已，但是從來沒有想過這個問題：為什麼馬雲就能有如此長遠的目光？為什麼在上海這樣發達的城市中就沒有像馬雲這樣的企業家？

　　在上海的企業大多都是國際化的，中小型企業在那裡幾乎沒有立足之地，可以說，在那裡生活的人很難看見國內中小型企業發展的現狀，所以就不會有人擁有和馬雲一樣的眼光，因此也就不可能擬定出像阿里巴巴那樣「小企業做生意的地方」的運作模式。

　　透過對中國國情的分析，馬雲認為在中國的企業之中，最離不開網際網路的不是那一小部分的國有企業和大企業，而是那一大部分的中小型企業。所以馬雲做出了一個非常正確的決定，就是為這一大部分的小企業建立一個服務網站。在這個網站出現後，國內的中小型企業逐漸從過去的貧困之中脫

離出來，將自己的產品推廣到國外，也掌握到了全球最新的資訊。而阿里巴巴也因此越來越輝煌。

第八章
抓住機遇，成功才不會從指尖滑過

機會，是為有準備的人提供的

機會只喜歡那些做好一切準備的人。若是創業者什麼準備都沒有做，只是一味期盼機遇，即使上天給你機會了，你也不可能將其握在手中。

每一個想要擁抱成功的人，都希望自己足夠幸運，能夠遇到一個很好的機遇，但是機遇並不是說想要就會來的，你越是期盼它來到，它就越遠離你。在這種情況下，這些總是等待機遇的人就會心生憤恨，抱怨上天的安排，為什麼不讓自己碰到機遇。

貝特格 (Johann Friedrich Bottger) 以前只是小人物，但是現在他的名氣卻可以和世界出名的「歐洲瓷都」相提並論。在很久以前，貝特格是一位處理垃圾的工人，他主要的任務就是將陶瓷廠中產生的廢料運送到垃圾場中。那時這家陶瓷廠中主要員工就是一位技師和他的徒弟們，這位技師的名字叫普賽，因為他是陶瓷廠用一萬歐元聘請而來，所以它自己有些驕傲自大。

一天，因為和廠方出現了矛盾，普賽帶著自己的徒弟們離開了這裡。而這家陶瓷廠因為暫時無人代替普賽的職位而停產了，這讓這家陶瓷廠的高層人員有些慌張，他們之中的有些人說應該將普賽找回來，向他道歉，並加薪水給他；有些人說應該立刻招聘新技師，四處張貼招聘啟事。這家陶瓷廠的領導最終決定將普賽找回，向其道歉。但是普賽為了讓這家陶瓷廠出醜，就沒有同意回去，而且還號召同行不要去這家陶瓷廠工作，這樣這家陶瓷廠就很難維持下去了。

此時，貝特格主動和老闆說：「能給我一個機會試試嗎？」

老闆聽到後感覺非常不屑，說道：「一邊去！」

貝特格將自己在家中燒製的花瓶拿了出來，老闆們在看到這一幕的時候非常吃驚，對他說：「這個花瓶是你燒製的嗎？」

貝特格肯定地點點頭。

雖然貝特格一直在這個陶瓷廠中做垃圾工，但是他每天都在偷偷觀察普賽的技藝，並在家中模仿、學習，最後學會了很多人都沒有學到的東西。

就這樣，貝特格代替了普賽的位置，這家陶瓷廠繼續生產陶瓷了。在這之後，這家彩陶越來越有名，貝特格也出名了。

透過對上面內容的閱讀，我們可以知道貝特格是一個非常會抓住機會的人，那麼，為什麼機遇會青睞他呢？因為他做好了充足的準備，在將普賽技師的技術全部學會，當普賽技師走後，這個機遇當然是屬於他的。其實在工廠停產的時候，對於任何一個人來說都是機遇，來取代普賽，但是對於那些不會普賽技術的人而言，這個機遇是不存在的，因為他們沒有能力做到這一點。若是貝特格沒有偷學技藝，這個機遇也不會青睞於他。

一般來說，成功者都知道機遇總是降臨在有準備的人身上，所以他們總是準備好一切迎接機遇的工作，當機遇到來時，他們就會馬上抓住機遇。馬雲也是一樣，雖然他不知道機遇什麼時候來，但是他一直在做著準備。

馬雲在上學期間，對英文非常熱衷，但是英文成績卻一普通。後來，中國實行改革政策，滿口說著英文的外國人都來中國遊覽風光，他們不僅去了北京，還去了杭州。這讓馬雲找到了學習英文的機會。在放假的時候，馬雲經常在西湖邊閒逛，當他看到有來自外國的朋友時，他就會主動上前與他們交談，甚至免費為外國朋友充當導遊角色，為他們介紹杭州的旅遊景區和風土人情。

馬雲不僅在生活中多和老外說英文，還在學校認真學習英文，就這樣，馬雲的英文口說越來越好了，但他沒有停止學習，幾年之後，馬雲出現了驚人的進步，很多老師和同學都將他看成是英文奇才。

馬雲在大學畢業後被留在了杭州師範學院當老師。在教學的過程中，馬雲的英文又得到了提升。後來因為一次機會，他有幸去美國，這時他的英文發揮了作用，不僅沒讓他處於尷尬的境地，還讓他與網際網路相遇了，才有了今天的阿里巴巴。

從馬雲學習英文這件事來看，我們可以知道，馬雲是在做準備，雖然他不知道自己今後會向哪方面發展，但是他知道英文肯定會他在今後的創業中用到。如果他那時還不能順暢說英文，他就不會在大學裡當英文老師，更不會有機會去美國，那就不可能會看到網際網路。就算他來到了美國，但是也會因為不會說英文而失去這個機遇。由此可見，機遇真的是為有準備的人提供的。

所以，創業者們從現在開始就向馬雲學習吧，打好你的基本功，不斷提升自己，這樣當機遇降臨時，你才有資本抓住它！

機遇來了，就要抓住它

有些機會在當前看來很小，但是若是你仔細估量它在今後給你帶來的價值，你就會察覺到，其實它們一點也不小。所以當機遇降臨時，不要先管它是大是小，都要果斷抓住它！

每個人每天都在想著一個問題：誰能給我一個機遇去做……呢？實際上，機遇在所有人面前都沒有差別，只是有些人總是期待大的機遇，認為小的機遇不能給他們創造財富。

曾經有個人聽別人說美國的黃金隨處可見，就算在街上站著也可以找到，所以，他興奮地與和他有著相同想法的人來紐約找黃金。剛剛來到紐約後，他就在街道上尋找了起來。

一天，他和自己的同伴一起在街上溜達。突然，他的同伴在地上發現一枚硬幣，於是馬上就撿了起來，並激動地說：「啊，跟他們說的一樣，在這裡的大街上都能撿到錢！」

他看到同伴非常高興，感到很不屑，說道：「哎呀！為何要浪費時間撿這些不值錢的硬幣呢？我要用這個時間去尋找黃金。」說完，他就自信滿滿走開了。

在幾年以後，這兩個人在街上碰到了。這個人還是一分錢都沒有，而他

的同伴卻很富有。他對此感到很疑惑，就問他的同伴：「你一定是撿到黃金了，不然你是怎麼變富有的呢？」

他的同伴說道：「我的富有之路就是從一枚硬幣開始的。」說畢，開車就走了。

透過上面的故事，我們可以知道那位撿起地上一枚硬幣的人是一個願意抓住每一個機遇的人，無論機遇多小，他都不想放過，因為每一枚小硬幣收集到一起，就是一筆小財富，利用好這個小財富去創造大財富，就會成為一位成功者。而對小硬幣不屑的人，他永遠也不可能遇到機遇，即使遇到了也不可能抓住。所以，我們應該向那位撿起小硬幣的人學習，不放過任何一個小機遇，這樣你才有機會將小機遇變成大機遇。

馬雲也是一個人，當機遇出現時，不管是大是小，他都不放過，那麼，馬雲究竟是如何抓住機遇的呢？

2001 年 12 月 27 日，阿里巴巴擁有了 100 萬個會員。阿里巴巴每天的點擊率和商業資訊發布越來越多，這些都可以說明阿里巴巴的發展方向是非常正確的。

但是，馬雲的志向並不止於此，他的目標是阿里巴巴商業資訊發布量為 75% 的國內貿易，想要創立一個規模更大的華商世界。

阿里巴巴在最初創立的時候，馬雲就要求自己和員工做到三點：簡單、可信、親切。那時在很多人眼中，網際網路就是一個虛擬的世界，因為他們自己在網際網路上所做的就不真實，將農民工說成老闆，將醜女說成美女……

但在很多人都不相信的網路世界中，馬雲覺得有一個機遇降臨在了自己的身上，他覺得在生活中，人們總是喜歡去那些有誠信的店鋪中購買商品，若是網路也具有了誠信，人們就願意在網路上購買商品了。

當馬雲說出自己的想法後，別人不僅質疑他，還嘲笑他，認為他太天真了，網路是無誠信可言的。但馬雲卻不這樣認為，堅決創立「誠信通」。所

以，在 2002 年 3 月，馬雲創立的「誠信通」面世了，它的標誌是一雙握得緊緊的小手。這雙小手在告訴消費者：我是一家很有誠信的店鋪，這是馬雲在網際網路上推出的一種全新的企業誠信認證方式。

在這之後，一切都和馬雲所想的一樣，「誠信通」的出現使得網際網路交易的信用提升了不少。

透過馬雲的事蹟，我們可以知道馬雲是一個善於抓住機遇的人，不管這個機遇是小是大，是否能給他帶來利益，他都不顧一切要嘗試，抓住機遇，最後證明他抓住的機遇並不小。若是他沒有抓住這個機遇，阿里巴巴就不可能提升到一個新的層面。

所以，創業者應該和馬雲一樣，不僅要有一雙善於發現機遇的眼睛，還要有抓住任何機遇的決心。不管任何人阻止，你都應該相信自己，果敢執行，這樣才能永保成功。

對市場敏感，抓住機遇謀發展

經驗豐富的生意人絕對不會浪費時間和機遇，他們會爭取時間，在競爭之中獲得絕對優勢。

馬雲說：「初創企業都希望迅速強大，但生存下來的第一個想法應該是做好，而不是做大，這是我們這麼多年走下來的經驗。」在馬雲看來，成功者要必備兩種品質：執著大膽的性格；對市場敏銳的嗅覺。

馬雲剛剛創業的時候，認定網際網路就是創業的最佳機遇，雖然當時他對電腦知之甚少，家人和朋友紛紛出面反對，但是他力排眾議，將這個機遇牢牢抓在手中，才有了今天的阿里巴巴，和今日輝煌的馬雲。

商場雖大，但機會並不是很多，俗話說的好：「機不可失，失不再來。」精明的經營者總是可以感受到機遇的來臨，機遇一閃即逝，不及時抓住，或者抓不准，會遺憾終生。

在《韓非子》一書中，有個「鄭人賣豕」的故事，描述的是一個商人因

為不搶時間做生意而錯失了一樁好買賣，由此我們也能看出猶豫不決對於企業、商人來說是致命的。

經商的目的就是盡快將手中商品推銷出去，加快資金周轉，獲取更多的利益，拖延的時間越久，所壓的資金就會越多，商品長期積壓在手裡，資金的周轉就會成問題。

爭取多一天的時間，就相當於資金周轉加快了一天。利潤率和資金周轉成正比，周轉快，利潤才會更高，加速一天周轉，就相當於多賺了一天資金利息，這樣才可以充分推動資金增值。

商場如戰爭，創業者應該具有馬雲那樣的精神，在變幻莫測的商海競爭中抓住稍縱即逝的機會，機會來臨時，要當機立斷，及時進攻、連續進攻，該收場的時就要收場。

當斷不斷，該收不收，不該攻的時候攻，不該收場的時候收場，只會損失得更多。商場上是那樣殘酷，經營者應該能夠做出準確判斷，當機立斷，不能拖拖拉拉錯失良機，應該像個觀察家那樣，有敏銳的洞察力，不僅表現在對市場風雲變化的直覺上，更展現著運籌帷幄的智慧。想要在商場之中取得勝利，就要抓住機會，透過現象去看清本質，緊抓商機。

網際網路行業最大的特徵就是變幻莫測，所以最好的方法就可以預測到網際網路的變化，在它發生變化以前採取行動。

藏在夾縫中的機遇，你看到了嗎

在這個社會上，到處都是資訊，有效資訊是創業者經商的基礎，得到了有效資訊，就意味著抓住了成功的機會。

如今，資訊的傳播速度非常快，只要發現有價值的資訊，就能把握住商機。想要成為一位成功的商人，就必須學習利用「小」資訊發財，也就是說資訊就是金錢。

在 1995 年，馬雲開始從商，他首先創辦了一家翻譯社，在幫助杭州市

政府和美國公司成功合作的過程中，馬雲初次與網際網路接觸。

馬雲的朋友是西雅圖人，他指著電腦說：「這是 Internet，你能在上面輸入文字查詢。」馬雲在電腦中緊張輸入了一個單詞：Beer，結果查詢到很多資料，他又輸入了一個單詞：China，螢幕上卻出現兩個單詞：No data，也就是查無資料的意思。後來，馬雲就輸入了一個片語：China history，螢幕上出現了幾行簡短的介紹。馬雲感覺非常有趣，但是裡面關於中國的東西卻少得可憐，於是馬雲就請教這位西雅圖的朋友，對方告訴他如何製作一個主頁，然後把這些東西放在網上去，移到搜尋引擎中就可以了。

馬雲在腦中閃現出一個想法，他讓朋友為自己的翻譯社製作一個網頁，結果在 3 個小時內，他就收到了不少電郵，並想與其進行深一步交流，這一現象讓馬雲看到了網路可觀的前景。雖然馬雲對網際網路一點都不了解，也從來沒有留過學，但是他卻透過對資訊的敏感感知感受到了網際網路的風采，這在一定基礎上說明他打開了電子商務的道路。

從馬雲的親身經歷來看，我們可以知道資訊對於創業者是何等重要。當然，不是說只收到資訊就一定能成功，最關鍵的是能從資訊中尋獲賺錢的機會。那時，在國外接觸網絡的中國人多不勝數，而在中國接觸網絡的人也不止馬雲一個，但是只有沒人能預見到未來的網路世界，並發現隱藏在網路背後的商機。在這些人之中，能夠發現商機並馬上採取行動的只有馬雲。

實際上，在商業活動中，和馬雲一樣能夠透過有效資訊發現商機，並採取行動抓住機會的成功人士大有人在。

有一個人，他在交通局工作，他得知公路局即將在當地修建一條公路。這個消息聽起來再普通不過了，但是他卻發現了潛藏其中的商機。這個人的家鄉附近有一座非常適合用來開採石頭的山，而修建公司正好需要不少石子。於是，他在得到這個消息後馬上就購買了當地山石的開發權。

不久之後，公路真的開始修建了。他開發的石子被購買到了工地，他一下子賺了不少錢。與他工作的人都清楚這個消息，但是為什麼只有他利用了

這個機會，並得到了豐厚的盈利了呢？這是因為他用心了。

所以，創業者在平時應該注意聆聽周圍，收取有價值的資訊，確定資訊準確無誤後，盡快採取措施，這樣才能讓自己在商場中立於不敗之地。

那麼，我們應該怎樣確定哪些資訊是真的，而且是有價值的呢？

對於這一點，你應該學會對資訊分類整理，意思就是將自己獲得的資訊分類，然後針對資訊的類型判斷資訊是否是真的。將那些假得很明顯的資訊放在一起，再將其餘的資訊放在一起，然後對這些資訊分成兩部分：好或是壞的。先處理只有益處沒有風險的專案，對於有收益但是不保險的專案，仔細分析一下，然後再對比，看看與風險相比，利益是否大一些，若是風險太大，也不確定是否有收益，就將其撤掉，你就能清楚看到哪些資訊對你而言是最有價值的了。

你沒有分身術，抓住一個機遇即可

> 機遇太多並不一定是好事，你不僅要知道在機遇降臨時馬上抓住機遇，還要知道拒絕機遇。只有清楚這些，你才能抓住那些最應該抓住的機遇，從而為你的成功做下鋪墊。

人們常說：「有心栽花花不發，無心插柳柳成陰。」命運有時就是這樣，當你總是期待著機遇降臨在自己身上時，它卻遲遲不來，但是當你沒有想要機遇時，大量的機遇不期而至。就這樣，我們在過多的機遇之中迷失了方向。看到這麼多的機會，我們都想要抓住，但是好像哪個都抓不住。

其實面對這種情況，我們應該冷靜分析這些機遇，研究一下究竟哪個機遇才是自己最應該抓住的。有個故事是這樣的：有一隻小猴子去山下尋找食物，首先拿了一個玉米，然後看到了桃子，它將玉米扔了，向桃子跑去。之後它又看見了大西瓜，於是又把桃子丟了，去摘大西瓜，最後它看見可愛的小白兔，就丟掉了西瓜，追兔子玩，結果小猴子沒有趕上兔子的步伐，只能空手回家。

　　從這個故事中，我們能看到小猴子面對的機遇真不少，不僅有玉米、桃子，還有西瓜和小兔子，但他卻一個機遇也沒抓住。馬雲說：「看見 10 隻兔子，你到底抓哪一隻？有些人一會抓這隻兔子，一會抓那隻兔子，最後可能一隻也抓不住。CEO 的主要任務不是尋找機會而是對機會說 NO。機會再多，只能抓一個。我只能抓一隻兔子，抓多了，什麼都會丟掉。」就像馬雲所說的那樣，他在面對突如其來的大量的機遇時，只選擇了一個機遇。

　　在 1999 年 5 月，媒體刊載了一篇報告，報告的題目為《想做全球貿易，阿里巴巴拒訪》。當這篇報告剛剛面世後，不少媒體予以關注，就連國外的媒體也對馬雲非常熱烈。透過這些媒體的播報，馬雲和阿里巴巴的名聲響徹全球，國外的點擊率和會員人數迅猛增長，緊隨其來的還有大量的機遇。

　　面對如此之多的機遇，馬雲並沒有迷亂，而是選擇和時任高盛公司香港地區投資經理的林小姐合作。林小姐一直和阿里巴巴其中的一位創始人蔡崇信保持連繫。透過林小姐，蔡崇信知道高盛基金非常看好中國網際網路的發展，很想和阿里巴巴合作。那時阿里巴巴急需資金，所以這個消息在阿里巴巴看來是一個千載難逢的機會。就這樣，高盛基金的員工馬上考核阿里巴巴了，最後表示很滿意。

　　但當阿里巴巴和該公司進行談判時發現，高盛公司的要求相當苛刻。即使這樣，馬雲和蔡崇信達成統一後，還是不改變初衷，與該公司合作。他們主要考慮的是兩點因素：一是該公司在美國是一家非常有名氣的投資公司，也許能帶領阿里巴巴開拓更廣闊的市場；二是該公司的規模很大，是一家很有實力的公司。

　　在上面的故事中，我們知道馬雲其實是有很多機遇的，沒有必要非要和這家要求十分苛刻的公司合作，那麼，他們為什麼要抓住一個機遇呢？這是因為馬雲可以高瞻遠矚，認為這家投資公司會讓他和阿里巴巴的未來走得更遠。

馬雲用自己的行動證明，在很多機遇面前，必須穩定情緒，擦亮雙眼，做出明智的決定。也正是因為這樣，馬雲和阿里巴巴才越來越成功。

第九章
果敢執行，你的夢想即將實現

成功，離不開敢想敢為

在生活中，如果你是一個敢於擁有理想的人，你的成功就已經接近一半，但僅僅只有一半，因為你的想法沒有付諸於實踐，理想只停留在想的階段，如果你敢於想，又敢於做了，那你離成功就不遠了。

我們所說的做就是執行力。

在商場之中，不乏有著高才華的人，也不乏有著新穎創意的人，而且還有些人有著征戰商場的膽識，但是他們之中很多人都沒有成功，這是為什麼呢？主要原因就是他們的團隊。團隊之中雖然有很多創意，但是幾乎沒有人去執行創意。

創業者想要讓自己的企業迅猛發展，不僅要有好的決策團隊和發展策略、嚴格的管理制度，還要有高執行力。

一次，日本軟銀集團總裁孫正義和馬雲一起討論一個問題：是一流的想法搭配三流的執行力重要，還是三流的想法搭配一流的執行力重要？經過研討，都覺得後者更加重要。在馬雲看來，工業時代發展的是工人，而網路時代的任何事物都是資訊化的，讓人無法捉摸，若是團隊有著較高的執行力，當不完美的想法出現問題時，就能夠得到解決。

所以，馬雲以前將自己的團隊稱作「一支執行隊伍而非想法隊伍」。在馬雲的眼中，阿里巴巴之所以有今天的成就，主要依靠的就是高水準的執行力。在很多場合，馬雲總是說不完美的想法加上高水準的執行力是何等重要。

從阿里巴巴剛剛建立到阿里巴巴成功，馬雲一直用「高水準的執行力」來要求自己的所有員工。在阿里巴巴創立初期，因為阿里巴巴所走的路線在之前並沒有出現過，大部分人都不認可它的價值，公司內部覺得網站的未來非常迷茫。在這種情況下，馬雲讓技術人員將 BBS 上的每一個帖子檢測並分類時，有部分技術人員感覺這樣不符合網際網路精神，但是馬雲覺得這樣

做能讓用戶快速在阿里巴巴的網站上搜尋到自己所需的資訊，但觀點不統一，馬雲和技術人員爭執起來，最後他生氣了，對著技術人員大吼大叫，並強行命令技術人員馬上去做。因為馬雲的態度非常堅決，就沒有人反駁他了，按照他的命令執行。這樣一來，阿里巴巴在網際網路最為艱難的時期堅挺了過來，而且還得到了一定的收益。

在這之後，這樣的事情沒少發生，當意見不統一時，馬雲就會用命令要求團隊執行。比如，在 2003 年，馬雲為阿里巴巴的全年贏利制定了目標，必須達到 5 億新臺幣；在 2004 年，馬雲設定了更加艱巨的目標，每天贏利 500 萬新臺幣。在大多數人的眼中，這些目標太過艱巨，覺得不一定能實現，但是阿里巴巴用高水準的執行力，將馬雲所設定的每個目標都實現了。

由此可見，馬雲和阿里巴巴的成功絕對離不開「一流的執行力」。一個團隊若是有著很高的執行力，即使想法不是很完美，在一次次不斷改進中，也會變得完美無缺。所以創業者想要讓企業發展得越來越好，就必須要求自己的團隊有高執行力。

那麼，想要具備高執行力，應該要求員工怎麼做呢？

- **要求員工立刻去執行，不許拖沓**：有人說：「今天可以做的事不要拖到明天。每一個工作，不論是經營事業、推銷工作或科學、軍事、政府機關工作，都需要腳踏實地的人來執行。」一個企業在招聘重要職位的人時，都會先考慮這個有沒有能力去做，用這種方法來證明這個人能否明白馬上去執行任務的重要性，再決定是否聘用。

- **要求員工具有責任感**：作為員工，每個人都明白自己的職責是什麼，但是在實際工作中，大部分人都沒有完全盡職盡責，因為在很多人眼中，「責任」是非常抽象的，他們不知道責任就是執行，就是及時完成任務。所以領導者應該讓員工知道這一點，讓員工知道自己的職責所在，並承擔職責，員工的執行力才能得到提高。

· **要求員工不抱怨**：當員工認為自己受到了不公平的待遇，他就會產生抱怨情緒，透過這種方式，員工心中的鬱悶才能得到疏解，並希望自己能得到滿意的答覆。但是當抱怨的情緒產生時，執行就會受到影響。它會讓執行的腳步變慢，若是一個人總是將抱怨掛在嘴邊，他就不可能出色完成任務。若是一個企業中有很多這樣的員工，企業最終也會走向失敗，領導者應該盡量不讓員工產生抱怨的情緒，並在適當的時候給員工做心理開導。

策略制定後，要走的路還很長

策略是策略，結果是結果，不能將兩者混為一談。策略制定之後，距離成果還非常遙遠，要走的路還有很長。

有很多創業者，制定了創業的策略計畫，卻並不親身實行，僅僅停留在理念、幻想的程度上面。如同要攀登珠穆朗瑪峰（Mount Everest）那樣，連去西藏的勇氣都沒有，怎麼可能去登珠穆朗瑪峰，又怎麼可能登得上去？

馬雲提倡不要將價值觀和文化停留在口號上面，應該落實行動。做企業和做創意不同，創意只是企業運營的過程中某個重要的環節，而並非整個企業的運行過程，應該將每項工作落實。

馬雲認為，有些時候不能說理念，因為並不會有人認同你的理念，你只需要按照自己想做的做下去就可以了，在做的過程中，你的理念就會展現出來。

如果一個策略不能落實在目標、結果上面，那麼這個策略就是毫無意義的。通常情況下，一個人的成功不是靠著嘴說出來那麼簡單。

創業的關鍵不是你有沒有出色的想法，而在於你願不願意為了這個想法付出一切，竭盡全力去做它，去證明你的想法是正確的。

就拿淘寶網和易趣的競爭來說，易趣 eBay 是中國最大電子商務拍賣網站，曾經是中國最早 C2C 電子商務網站之一，在淘寶還不為人知的時候，易

趣消耗數億美金後退出，淘寶獲勝，這是為什麼？一個資金、知名度都要比易趣差很多的電子商務網站 ── 淘寶為什麼會成為贏家？

淘寶和易趣競爭的過程中，並沒有使用出什麼出奇的招數，所做的宣傳、客服、產品幾乎都是相同的，那為什麼淘寶可以取勝？

舉個例子來說，易趣所銷售的產品都是 ipad，zippo（打火機品牌）等，價格昂貴，而且很多人對這些不感興趣，甚至看不懂英文？怎麼賣得出去；而淘寶所做的廣告都能夠瞬間吸引消費者的目光。僅僅從執行力上看，易趣就輸了。

從馬雲的創業經歷、競爭經歷之中，我們不難發現，執行力是一個企業之中非常重要的環節。因為對於企業來說，如果沒有執行力，僅僅制定策略，或者是執行力不強，執行方向有誤，都會導致整個策略的失敗。

這與帶兵打仗的道理是相同的，有很好的作戰策略，卻沒有實地考察過對方實力、人數、策略概況，沒有結合天時、地利、人合，那麼成功是無從談及的，這個策略制定得再完美無缺也是不能應用在戰場上的。

易趣也是如此，制定的策略方向非常好，但是並未結合中國國情，如果將他們的策略放在國外可能非常受歡迎，賣高端的產品，但這樣明顯限定了消費範圍，怎麼可能有更多的客戶、顧客呢？

再者，如果淘寶制定了與易趣的競爭計畫，卻並未實施，只是按兵不動，等待易趣「自取滅亡」，那麼易趣很快就會發現自己的弊端，等到易趣糾正了策略制定，以及執行過程中的失誤時，仍舊是中國第一的網際網路商務平臺，等到那個時候淘寶可能只有被排擠、並購的份了。

因此，策略制定之後，要用盡全力去實施，不能等，只要你認為自己的策略是正確的，打一場持久戰，那麼勝利終將屬於你！

行動起來，腳步才能前進

無論你想要做什麼，或者實現什麼，都要先行動起來，只有行動了，夢想

才能變成現實。

大多數人都有過這樣，就是今天睡覺前想著自己明天要改變，要做什麼，但是第二天早上起來後還是像以前一樣，昨天晚上的決心全部消失了。

行動比任何話語都更有用，創業不是表明決心，而是需要你果斷執行，行動起來，這樣你才能一點點改變，一點點收獲，直至成功。

2005 年，有記者問馬雲：「為什麼你今天能這麼成功，而和你一樣聰明的中國電子商務先驅王峻濤卻依然在為自己的創業而奮鬥呢？」

馬雲是這樣回答的：我剛剛說了，我演講、宣傳，在我的身後，有一群人在竭盡全力工作，而王峻濤身後沒有這群人。

在聊到創業的時候，馬雲說：「槍一響，你不可能有時間去看對手是怎麼跑的，你只有一路狂奔。」所以他非常重視團隊的執行力，必須要嚴格執行，馬上執行，說到做到，他自己也是一樣。

在阿里巴巴剛剛創立的時候，馬雲已經明確了做電子商務的方向，但是在用哪種模式運作的問題上出現了分歧。大多數員工都認為應該用比較複雜的形式，而馬雲卻不是這樣認為。他堅信：「阿里巴巴是為中小企業服務的，而中小企業的電腦水準都很有限，如果做得過於複雜，他們接受不了，就會望而卻步。」所以，馬雲認為應該用 BBC 的模式，這種模式非常簡單實用。

一次，馬雲去新加坡參加會議，他覺得是時候讓阿里巴巴上線了，所以它命令在杭州工作的員工立刻完成設計，上線運行。然而，在杭州的員工不贊同馬雲的「網上集貿市場」方案，希望在馬雲回來後進行商討，然後再決定。

當時，馬雲一下子就生氣了，對著員工大聲說：「你們現在、立刻、馬上去做，現在、立刻、馬上！」

聽到這個命令後，每個人都被嚇到了，馬上行動起來，當馬雲回到杭州後，阿里巴巴網站已經完成，就差馬雲的命令了。

在 eBay 合併易趣之後，以強者的姿態進軍中國的 C2C 市場。2003 年 4 月 10 日，馬雲與管理層從公司中挑選了十幾個技術水準高、忠誠度高的員工，將他們「關閉」起來，研製「淘寶」。馬雲命令他們必須在 30 天之內讓淘寶上線，最後期限為 2003 年 5 月 10 日。

馬雲說，我這個人只看結果，不要和我講過程，也不要和我說困難！

時間非常緊迫，而且那時正流行 SARS（嚴重急性呼吸道症候群），更讓人絕望的是阿里巴巴之中的一名員工被懷疑感染到了，阿里巴巴全部的辦公室都被迫關門了，但是淘寶如期上線了。

馬雲為什麼敢將最後期限定出來，而且不容改變，主要有兩點原因：一是市場的競爭越來越激烈；二是他相信自己的團隊有著很高的執行力，堅信團隊可以成功！

在這 30 天之中，這十幾個研製「淘寶」的人一直沒有出過那個房間，無論吃住，他們都在那裡，每天在電腦前時間達到十幾個小時，有時還會整晚通宵，思考網站的模式。與會員有針對性聊天，研究他們的使用習慣等。在 30 天後，淘寶真的如期上線了，連馬雲都不太敢相信。

透過馬雲和自己團隊的故事，我們可以看出馬雲非常重視執行力。他不僅要求自己要果敢、快速執行，還要求員工要有較高的執行力，只有這樣，整個企業才能向前發展。了解到這一點，創業者們就不要再行動的時候猶豫不決了，快速行動起來吧！

馬雲說：「哪間公司計劃書做得越厚、越好、越完美它死得就越快。」沒錯，公司的計劃書的內容若是非常多、非常優秀，那麼他一定是在計畫上花費了大量的時間，這樣勢必會拖延執行的時間，只要沒有執行，這些計畫就是虛幻的。雖然有些計畫並不完美，但是在執行時逐漸修改，最後就會成功。

沒有做過，你永遠不知道結果

如果夢想只停留在「夢」或「想」的階段，成功是無從談及的，從「做」開始展現自己的執行能力，才能得到你所想要的成功。

對於很多年輕人來說，他們所暢想的未來永遠是那樣豐富多彩。不要說這樣做可能會面臨多大的危險，或者是怎樣的失敗等，不做，你永遠無法得知結果。

十幾年前，股票剛剛興起，在很多人還沒有認識股票的時，極個別的擁有幾千元的人立刻進入了股市，幾年之後成為百萬富翁；最初只有幾百元擺地攤的倒爺，十年之後成了大老闆。他們成功後，很多人追悔莫及，還有一部分人不服氣，認為自己比他們強，如果自己做的話，一定會超越他們。那麼試問：為什麼你們當初不做？

實際上，這不僅是膽識方面的問題，更是觀念的問題，陳舊的思想束縛了他們，使得他們停止了前進的步伐，錯過了機會。觀念決定你十年之後的成敗。

2007 年，比爾蓋茲在哈佛大學進行演講，他說自己在創業的時候認定目標之後就沒有放棄過，一直鍥而不捨奮鬥著。不要讓世界的複雜性阻礙自己前進的腳步，應該勇敢地做個行動主義者，關鍵是不能停止思考和行動。

年輕的時候，誰沒有過空想？誰沒有過幻想？可人總是要長大的，要擔負責任的，天地廣闊，世界美好，想要前行，不僅僅需要一對幻想的翅膀，更需要踏實的雙腳。

不要總是將時間浪費在抱怨上，無數個空洞的幻想都不及一個實際行動真實可靠，只有行動才能改變命運。

很多人充滿了創業的欲望，但是自己又沒有足夠的信心，誰都能走向成功，關鍵看你敢不敢為自己開拓成功之路。

我們身邊有很多人，他們並不是多會做事情，更多的時候，決定他們成

功的是他們敢不敢做事情。

馬雲剛剛步入而立之年時就是杭州十大傑出青年教師，校長曾經許諾讓他擔任主任的職位，但是他卻放棄了這次機會，毅然決然地決定「下海」。

1995 年的時候，馬雲去了美國，首次接觸網際網路，當時網際網路對於中國絕大多數人來說還是個陌生的詞語。即使是在全球範圍內，網際網路也不過剛剛興起，楊致遠的雅虎建立時間還沒有超過一年。

如今我們看到的是馬雲在網際網路行業創造出的輝煌，可如果多年以前，他甘於在學校裡做老師，將網際網路行業僅僅停留在想的環節；或者是看到眾人的反對之後退縮，放棄自己的信念，保守做事，那麼今日的輝煌可能也只是場夢了。

制度需要完善，執行力需要提高

和軍人管理一樣，企業的管理也應該強調紀律，最好能將其制度化，使員工不僅要服從命令，還要堅決執行。這樣企業的發展才會越來越好。

在部隊之中，軍人需要做的就是無條件執行制度、遵守紀律。而在執行任務的時候，無論遇到任何艱難險阻，軍人都應該想方設法去攻克困難，順利完成任務。只有這樣，戰鬥才有可能會勝利。

在這一方面，馬雲做得非常出色，他清楚文化可以治心，制度可以治人。文化可以將人心凝聚到一起，制度可以約束人的行為。

在阿里巴巴有著非常嚴格的績效考核制度，誰在績效考核的最後一位，不管他平時多麼努力工作，也會被企業淘汰。在馬雲看來：在兩個人和兩百個人之間，只能選擇對兩個人殘酷。

透過嚴格的制度，阿里巴巴的公司文化得到了良好執行。在阿里巴巴，無論是誰都不可以觸犯制度。比如欺騙客戶、誇大服務、作假、收客戶回扣、幫客戶墊款等。若是員工出現了以上所列舉的任何一項，都沒有和阿里巴巴討價還價的迴旋之地。

　　一次，一位外聘的銷售經理因為自己業績不佳主動遞交辭呈給阿里巴巴的執行董事，但是他卻直接撕掉辭呈，並說：「你的業績不佳，我們可以幫助你，但是如果你對客戶的服務態度不好，我絕不會幫助你，即使你的業績達到了一億，我們也不會留你。」在這之後，阿里巴巴將一位業績很好，但是欺騙客戶的人開除了，還辭退了一位能力很強卻擅自改動銷售數位的員工。

　　在新員工方面，如果一個人沒有透過阿里巴巴的培訓關，就不能到銷售團隊中去，而若是在銷售時沒有遵守阿里巴巴的價值觀，這個員工也會被辭退。

　　俗話說：「沒有規矩不成方圓。」確實沒錯，想要經營好企業，必須要有一定的規章制度，只是依靠人情管理，企業內部會經常出現問題，導致內部不能有序運營，為什麼這樣說呢？主要有兩個原因：

　　一是因為每個管理者都有著自己的好惡觀，而且偶爾還會出現情緒起伏的時候，若是只依靠人情進行管理，管理者可能就會加上自己的個人因素，使得處理的事情難以達到公正，導致企業內部的和諧出現問題。

　　二是因為對於員工而言，每個人的身上都存在惰性，若是規章制度比較完善，員工的行為就會受到約束，讓他們心中明白什麼事情是應該做的。

　　從上面的故事中，我們可以知道馬雲早就想到了以上兩個問題，為阿里巴巴制定了一個非常嚴格的制度，不管是處於高層的管理者，還是基層的工作人員，都不能違反，只要違反，只有離退。所以身在阿里巴巴的每一位員工工作認真、勤奮，講誠信……在制度的約束下，他們的執行力越來越高，將阿里巴巴引領向了更大的成功。

適時出擊，不放過即將到嘴的「鴨子」

> 有些人抓住了機會，自此以後飛黃騰達；而有的人沒有抓住機會，自此「山窮水盡」，事業失敗。

在商場之中，若是你仔細觀察會發現，那些成功人士的脾氣都比較急躁，這個脾氣可以說是在工作中「養」出來的。因為當他們遇到機會的時候，總是能在第一時間發現，並說做就做，不讓即將到嘴的「鴨子」溜掉。

其實在機會面前，人人平等，關鍵看你是否能馬上、立刻抓住機會！而真正能夠抓住機會的人通常是具有敏銳的目光和果斷的執行力的人。當你看到機會時，千萬不要猶豫，更不要只有想法，沒有行動。

毫無疑問，成功的創業者都非常果斷，馬雲就是其中之一，當馬雲看到機會的時候絕對會馬上出擊，絕不等待。

2005 年 8 月 10 日，阿里巴巴和雅虎宣布簽署合作協定。阿里巴巴收購在中國的雅虎所有的資產，而且阿里巴巴還可以在中國永遠使用雅虎品牌。經過這些事後，馬雲被業界人士當作了焦點，但是在這次事件之後，阿里巴巴的競爭對手貌似已經不是一兩個，而是所有的網際網路公司，但馬雲並沒有改變自己一貫的作風，當看到機會出現時，依然適時出擊。就像馬雲自己所說的那樣：「這是個非常難得的機會，不抓住會終身遺憾，何況我已經等了 7 年！」

馬雲還在該年 10 月宣布用 10 億元達到讓客戶免費三年上淘寶網的目的，想透過這種策略來獲得更多的客戶，雖然在執行這項策略的時候投資了很多，而且還不收取客戶使用費，但是馬雲在最後也得到了客觀的收益。馬雲說：「適時出擊很重要，我練過太極拳，太極拳要求專注，別看繞來繞去，其實瞄準的目標都只是一個點，而且選擇適時出擊，所以在金庸小說裡，我特別欣賞黃藥師的出場。所有人都不怎麼在意這個老頭，沒有防他，黃藥師突然一招將我認為最能打的人扔到河裡，選擇什麼時候出手很重要。」

在 2003 年，整個中國被 SARS 的恐怖氣息所籠罩，不少人為了不被感染，都在家中休息，有些人甚至很少出門。但這對於馬雲而言根本不受影響。不僅沒有停止業務的運行，還發揮了電子商務巨大的潛能，從而獲得了不少收益。有資料顯示，在 SARS 流行時，阿里巴巴的業務量增長了 6 倍。

SARS 在別人看來是阻礙成功的障礙，而對於馬雲來說，卻是一個機會。透過上面的故事，我們能知道馬雲是一個非常善於發現機會，並立即把握住機會的人。因此他的堅決果斷，適時出擊，使得阿里巴巴一次又一次獲得豐厚的收益。

很多聰明的人之所以沒有獲得成功，有一個原因就是總是等待。當機會出現時，他會想再等等看也無妨，等待是一種非常可怕的想法，一旦將等待養成習慣，它就會阻礙你的成功。創業者在遇到機會時，應該和馬雲那樣，不要等待，適時出擊，這樣才能勝券在握！

細化，執行起來更容易

任務越是細化，執行起來就越容易，也容易看到效果。這就是一流的執行力，執行力對於企業的成功起著至關重要的作用。

如今，很多人在網上購物或者開店的時候，可能想到的就是中國的淘寶網，然而幾乎沒有人知道，在淘寶網還不被人們熟知時，馬雲和其團隊是怎樣堅持下來的。

最初，為了將更多的顧客吸引到淘寶網上，馬雲讓自己的團隊回到家中，每個人拿 4 件商品放在網上，當時馬雲的團隊一共有 7 個人，就算每個人都拿了 4 件商品，淘寶平臺上也就有 28 件產品。但當大家將手中的產品湊到一起時只有 17 件，產品數量太少了，自然不能吸引很多顧客，所以馬雲想了一個辦法，就是自己買自己的產品，這樣淘寶才真正開始運營起來。

這種方法採用了不久，終於客戶想要將自己銷售的商品放在淘寶上試試。馬雲在得知這一消息後，非常高興，馬上就和自己的團隊將該顧客放在淘寶上的商品購買下來，使顧客對淘寶平臺產生信賴感。

在這之後，淘寶上陸續出現了其他客戶，馬雲和自己的團隊依然買下顧客放在淘寶上的商品。逐漸淘寶上的顧客越來越多了，到淘寶上購物的人也越來越多了。

透過看馬雲處理淘寶的問題，我們可以看出馬雲和其團隊做事情態度非常認真，而且他們很重視執行力。在淘寶剛創立時，阿里巴巴已經有了一定的實力，作為阿里巴巴的高管，馬雲和其團隊其實不用親自參加開拓市場的計畫中去，但是他們並沒有這樣放置不管，不僅參與到專案中去了，還將工作具體化，分步向前走。

現今有些創業人士總是用命令的口吻對員工說：你去完成這件事情，這個月要完成多少任務……實際上，領導對員工下達命令是很正常的，但具體應該怎樣去做，若是上層都不能說出可以執行的辦法，員工又怎麼會知道如何做？

作為領導人，在下達命令時應該具體一些，最好讓員工在接到命令後可以馬上行動，知道怎樣去做。這樣，員工的工作效率才能提升上去，企業也才能發展得越來越好。

比如，有一家生產鞋子的企業在一個月中需要生產一定數量的鞋子，想要讓員工的工作效率高一些，可以透過以下幾種辦法提高執行力：

- **直接命令式**：對員工說：「快點工作，提高你的工作效率！」或者「你完成任務的速度太慢了，最好加速！」
- **限定日期式**：對員工說：「這批貨一定要在 25 號之前交上來！」
- **限定任務式**：對員工說：「這個月每個人應該生產450雙鞋子！」或者「每個人每天至少要生產 30 雙鞋子。」

在以上的幾種方式之中，第一種的說法最不好，而且還會激起員工逆反心態；第二種稍微好一些，但是員工在執行的時候會感受到強大的壓力；第三種是最佳，將任務細化到了每天完成的任務量，員工每天都有目標，執行起來會更加輕鬆一些，而且也容易達成。

如果執行力太差，即便是遇到了好的創意，也不能達到預想的結果。

在執行時，正視你的錯誤

> 若是企業在發現錯誤的時候不能馬上改正錯誤，仍舊按照錯誤的決策去執
> 行，那麼公司的執行力明顯不足，長久如此，企業最終只能走向滅亡。只
> 有盡快意識到錯誤，並承認錯誤，企業才能更快發現失敗的原因，從而改
> 正錯誤，使得企業的損失最小化。

透過學習課本知識，我們知道愛迪生在發明電燈的時候失敗了 1,000 多次，但是他在每一次做的時候都認真執行，並收獲了很多，就像他自己所說的：「我不覺得一次次的嘗試是失敗的。透過這麼多次實驗，讓我知道有一千多種材料不適合做電燈泡的燈絲。」

很多人都不是做一次就在事業上獲得了成功，阿里巴巴也是一樣，不是每次的執行都能成功。事實上，大部分執行的結果都是失敗的，成功就是一條充滿失敗的道路，只有經歷無數次失敗，成功才會越來越近。

為什麼馬雲這樣重視執行力？主要有兩方面原因，一是好的執行力可以讓公司的創意得到實現，變成現實，使正確的命令可以得到貫徹，這一點對於企業的生存發展具有很重要的作用；二是優秀執行力，可以很快在方案中發現錯誤，從而讓企業發展得越來越好。

在馬雲的眼中，執行力所代表的是員工的能力，當然還是一種工作態度，只有工作態度認真的人，才可能會有高執行力。

2011 年 2 月，阿里巴巴集團資深副總裁兼企業電子商務總裁告知外界已經辭職。辭職的原因讓馬雲非常難受，還很生氣，「阿里巴巴 B2B 公司近百名銷售人員及部分主管和銷售經理，為了追求業績，故意或者疏忽讓一些騙子公司繞過阿里巴巴的誠信體系而加入中國供應商」馬雲之所以憤怒，是因為這種行為已經違背了「商業誠信原則和公司價值底線」，這對於誠信用戶和誠信阿里巴巴的人是非常不公平的。

在這件事情沒發生時，人們並不知曉阿里巴巴銷售人員的欺騙行為。阿里巴巴主動說出事實真相，告訴人們阿里巴巴的「醜聞」，這是一種對公眾負

責、有擔當的勇氣。剛剛上任的阿里巴巴 B2B 公司 CEO 認為，阿里巴巴和淘寶的員工只有將眼光放長遠一些，永遠堅持阿里巴巴的使命、遠景和價值觀，才能使公司的發展越來越好。

副總裁在辭職後，馬雲感慨道：這是「公司巨大的損失，我非常難過和痛心」，但是公司若是想繼續向前發展，這種代價一定要付出的，他告訴自己的員工「堅持理想，堅持原則能讓我們成為這個時代中的時代！」

馬雲想要說明的並不難明白，阿里巴巴的執行力所代表的不只是一種含義，除了執行正確決策，還有敢於承擔責任。

因此提升執行力，不僅是為了將工作快速完成，還是為了使責任感增加。想要做到這一點，需要注意以下兩個要求：

1. **執行速度要快**：執行力迅速，可以增強企業的生命力，提高企業效率，讓公司朝著良好的方向發展。
2. **及時改正執行中的錯誤**：在執行的過程中，不能太過盲目，只想著快速執行。提高執行力並不是只提高速度，還有就是發現錯誤，在發現錯誤後，應該馬上改正。

第十章
放寬視野，謙卑做人，高調做事

心存感激、敬畏，不要怨天尤人

> 信仰就是一種感恩、敬畏之情，還包括改變自己。不要怨天尤人，應努力
> 去完善自己。很多成功人士，都是吃過了常人吃不了的苦，但是他們從未
> 抱怨過。

馬雲說過，他的心中充滿了感激和敬畏，因為他明白自己是個平凡得不
能再平凡的人。家境不好，沒錢沒勢，能獲得今天這麼多殊榮，馬雲的心中
滿是感激之情。

1999 年時，阿里巴巴剛剛開始做起，馬雲想要做個中小企業的交易平
臺，但只有小企業相信他們。

剛開始開淘寶網時，有客戶將東西掛了上來，馬雲一夥人趕緊將它買下
來，之後，只要有人在淘寶網上掛東西，馬雲等人就會立即買下，市場就是
這麼逐漸做大的，慢慢博得了客戶的信任。

今天淘寶的市場就是這樣形成的，沒有客戶信任，今天的阿里巴巴也就
不存在了，淘寶網更是無從談及。馬雲說過：「我很感激，如果說今天沒了，
我也已經滿足了，因為真的有那麼多人關心我，那麼多人支持我，那麼多人
說感謝我，我覺得非常羞愧。」在馬雲看來，只要能為別人好，做下去就是
值得的。

除了感恩，馬雲的心中還有敬畏。馬雲帶著阿里巴巴一路走來，一次又
一次遇到災難，一次又一次度過災難，很多時候，並非透過努力就能夠「東
山再起」，應該懷著一顆敬畏之心，因為沒有人知道輝煌的背後有什麼危險，
所以馬雲時刻懷抱敬畏、改變之心。

對於很多人來說，勇敢的人才是強者，但是在馬雲的身上看到的確是勇
而不敢，馬雲對於規則、規律有種莫名的尊重、敬畏。阿里巴巴越是輝煌，
馬雲的心中越是充滿感恩和敬畏之情。

當今的年輕人，心氣過於浮躁，缺乏經驗和信仰。

　　曾經有位馬雲非常尊敬的人說過：「我們真覺得今天經濟的發展就能夠超越美國，人民幣就能夠取代美元了嗎？我們需要做多少事？」還講到了美元取代英鎊花費了 80 年的時間，這些話對馬雲有著很深的感觸。

　　我們不能因為今天得到了曾經的夢想就認為自己可以不繼續學習、探索、發展了，那樣的話，真正的成功永遠不會到來，更無從發展。

　　馬雲一直認為，你擁有幾百萬時是最幸福的，因為這些錢是你的，想怎麼花都可以，但是如果你擁有幾千萬的時候，你就會擔心投資、利息等問題；等你擁有好幾億的時候，所擁有的就是社會資源了，你有責任好好花費這些錢。

　　如今，阿里巴巴擁有鉅資，但馬雲從未想過這些錢是他自己的，甚至沒想過這些錢是阿里巴巴的，他認為這些錢不過是社會出於對阿里巴巴和馬雲的信任而將資源交到了他們的手中，讓他們好好利用，創造更多的就業機會，幫助更多的人成長。

　　很多時候，我們會將富人和企業家連繫在一起，經常會將某某企業家說成某某富人。但是在馬雲看來，企業家並非商人，不能一味追逐利益，應該在社會上尋找機會的同時為社會解決問題，讓商業社會更透明、開放，能夠用長遠的眼光看問題。

　　馬雲的兒子在 18 歲的時候寫了一封信給他，上面提出了三個建議：第一，永遠用自己的眼光思考問題，不能別人說東就是東，別人說西就是西；第二，永遠樂觀看待未來；第三，永遠講真話。

　　從這三點建議中我們也能看出，馬雲不是個隨波逐流的人，更不是個輕易會被別人左右的人。他樂觀的心態，演講、工作中時刻展現出來的熱情，始終感染著周圍的人。

低姿態處事，更有助於成功

　　一個人能否取得成功，除了和自身能力有關，與別人的幫助也是分不開

的，而別人的幫助，要以別人的喜歡、歡迎為基礎，那麼如何獲得別人的喜歡呢？低姿態處事。

俗話說得好：「槍打出頭鳥。」有資本可以，有實力可以，但是如果一味高姿態，有一點點成就就認為自己有多了不起是不行的，這樣很容易成為別人的攻擊焦點。

但如果一個人願意將自己的姿態放低，願意將別人抬高，對方就會有一種優越感、安全感，成為自己締造成功所需的必要條件。

所謂低姿態處事，就是將自己的架子放下來，遇事的時候不能張揚，也不能炫耀，當然你在這個放低姿態的過程中會將別人抬高，不要覺得這樣是在貶低自己，因為只有這樣做，對方才肯幫助你，為你的成功出一份力。

馬雲就是一個懂得用低姿態去處事的人，在他的眼中，公司中的管理階層永遠是處在次要地位的，真正能夠起到決定作用的是公司中的幾千名員工，沒有員工，阿里巴巴這個網站也就不存在了，員工們開心，工作的效率就會大大增高，客戶的滿意程度也會更高，公司才能獲得長遠發展。

馬雲從來沒有用領導者的身分去命令過誰，他一直在尋求一種方法，說服員工認同企業的共同理想，他並沒有擺出一副高高在上的領導模樣，而是以朋友的身分與員工共進退。而正是馬雲這種放低姿態的處事方法，使得他贏得了員工們的心，員工們努力的工作，換來了企業的飛速發展。

對於外界的採訪、報導，馬雲也都是在讚揚自己員工有多優秀，在他看來，阿里巴巴能有今天，主要的功勞是在員工身上，將主要功勞歸在自己身上是不對的。

2005 時，馬雲首次入選中國富豪名單第 6 名，他非常吃驚說自己根本沒想到會被入選，從未想過此類事情，入選富豪榜也並非由於自己的能力有多強，而是經濟、社會影響導致的。

2007 年，科技業半路殺出一匹黑馬，雖然它年利潤不足 3,000 萬（人民幣），而阿里巴巴年利潤高達好幾億，但是意外地接受了眾多投資者、媒

體的追捧，眾多條件成熟之後，發展越來越迅速，在電子商務行業之中奮然崛起。

可以說，它的飛速發展對阿里巴巴造成了一定的威脅，但是阿里巴巴並未對其打壓，而是放低了姿態，從競爭走向合作共贏，對於雙方來說皆有益處。這個舉動讓馬雲看清了中小行業網站的影響，並對其有了一定的認識，而中小型企業也看到了新的發展機會，可以說是一舉兩得。

如今，馬雲已經是世界公認的成功人物，然而卻始終保持著低姿態做人原則。為人處事本該如此，何必將自己的架子抬高，低姿態做事，成全了他人，也成全了自己，對於雙方來說成功的機率都提高了。

放低姿態對人對事，是一種性格、一種良好的心態，更是對自己人生價值的評判。很多人可能會覺得放低姿態處事會降低自己的身分，然而事實並非如此，不但不會降低自己的身分，還會抬高你的身分，因為懂得用低姿態處事的人才能受到更廣泛人士的承認、尊重。

馬雲曾經說過這樣的話：「其實世界上每一個人都很平凡，都很普通，我馬雲也沒什麼了不起，這幾年被媒體到處吹捧，其實自己很難為情，比如別人從我這聽到一些話的時候，就覺得不一樣，但很多話我都是聽街上的老太太說的。」

馬雲的話很樸實，但樸實之中我們卻能夠認清一點：雖然他身價數千億，但他仍舊是一個普通人。

對於如何贏得別人的尊重的問題，馬雲舉過這樣的例子：「如果你的公司目前只有兩個人，你就在名片上把自己的稱呼放低一點，這樣會贏得尊重。」

懂得忍耐，才能成就大事

成大事者，一定要有忍耐的能力，可能在你忍耐的過程中有侮辱、嘲笑、不懈等，可這些都不會壓垮強者，因為他們懂得：小不忍則亂大謀。

　　的確，成功需要恆心和耐性，水滴方能石穿，繩鋸可以斷木，即使是天才，也可能會因為三心二意而一事無成。

　　成大事者不拘小節，在小事上面當忍則忍，他們會將嘲笑、侮辱，甚至誣陷深埋心中，將其當成日後反擊的後備力量。

　　現在，只要我們在網際網路上點擊 www.alibaba.com，就有呈現出阿里巴巴的網站，而我們點擊 www.2688.com 時，呈現在眼前的就是北京正普公司網站。

　　僅僅因為數字諧音，北京正普公司就將阿里巴巴告上了法庭。2001 年的時候，為阿里巴巴功能變數名稱問題起爭執，商戰即將爆發。

　　2001 年 2 月 1 日，北京正普公司起訴了中國網際網路資訊中心和中國阿里巴巴。

　　2001 年 12 月 10 日，法院做出判決，駁回原告請求，判決阿里巴巴中文功能變數名稱仍然是阿里巴巴網路技術有限公司註冊所有。

　　之後，北京正普公司對此審判結果不甘心，在同年 12 月 20 日正式向高等法院提起上訴，北京董事長非常困惑，覺得一審判決完全是莫名其妙，他弄不清法律到底要保護什麼？

　　但是阿里巴巴副總裁的態度非常堅決，堅決捍衛阿里巴巴和廣大用戶利益，不讓阿里巴巴這個品牌受影響。

　　雖然從一開始起正普公司對阿里巴巴功能變數名稱就志在必得，但卻沒想到一審判決仍然將阿里巴巴判給馬雲。

　　正普公司說，從 1999 年 4 月 29 日開始，北京正普公司就註冊了自己的功能變數名稱——2688.com、2688.Net，同時根據諧音定網站名為阿里巴巴網站，於是，同年 5 月 14 日，北京正普公司註冊了「阿里巴巴 Alibaba」商標，當時杭州阿里巴巴公司並未成立。

　　可阿里巴巴卻說北京正普公司尚未滿足申請「阿里巴巴」中文功能變數名稱的條件，也就是說該公司不具有與所申請中文功能變數名稱一致的英文

功能變數名稱，該公司所獲得的「阿里巴巴」商標根本就沒有被合法註冊。

馬雲是何等精明的人物，早在 1998 年他就推出了以「阿里巴巴」、「Alibaba」命名的中文、英文網站，而且在國際網際網路上試運行，1999年 3 月正式運行，而且在 1999 年 9 月正式向全球發布新聞。

阿里巴巴網站實際運行 4 月之中，1999 年 4 月 29 日北京正普註冊「2688.com」「2688.net」功能變數名稱，自稱設立、運作的網站名為「阿里巴巴」。在這個時候，「阿里巴巴 alibaba」網站已經具有非常大的社會影響力，國內外媒體都非常關注這件事。就這樣，在法律原則下，馬雲如願以償，保全了阿里巴巴功能變數名稱。

大船在海上航行的時候一定會遇到風浪，船體不可能不帶傷，關鍵是看如何處理航海過程中遭受的迫害。不能一味針鋒相對，與海風、海浪對抗，只會船翻或船損。委婉一些，不要將注意力放在自己不能變動的風浪上，而是在背後修補被打破的船板，這才是生存之道，也只有這樣才有「東山再起」的機會。

勇於承認錯誤，才不會錯上加錯

作為一個公司管理階層的人，犯錯可能是尷尬的事情，但是一定要勇於承認錯誤，因為這樣可以提高自己的信譽、消除他人的怒氣，化敵為友。

我們都是平凡人，有云：「人非聖賢，孰能無過？」其實，即使是聖賢，也會有過失，更何況我們這些普通人呢？

生活中，就是有那樣一些人，把面子看得太重，尤其是那些「財大氣粗」的人，為了維護所謂的面子，犯了錯也不肯承認，甚至想方設法將責任推到他人身上，要知道，勇於承認錯誤，才能讓更多的人向你靠攏。

阿里巴巴創業初期，馬雲曾經犯過一次重大決策失誤，他過分追求國際化，過早實施了海外擴張計畫。

在 2000 年時，阿里巴巴成立還不到兩年，可是馬雲卻認為海外擴張的

時機已經成熟，2月分時，他就帶領著自己的團隊，氣勢豪壯地說要征服一個個國家，到了9月分時要擴張到紐約，將阿里巴巴的旗幟插到華爾街上去！

但是到了9月分的時候，華爾街上沒有出現阿里巴巴的旗幟，馬雲坦然地說：阿里巴巴陷入了危機。

馬雲曾經說過，從一開始，阿里巴巴就是個國際化公司，這也是馬雲為阿里巴巴定的位，所以阿里巴巴推出了英文網站，使得它在國際範圍內獲得了認可，以及海外媒體的關注，對於創業之初的阿里巴巴來說非常有益。

為了適應國際化需求，馬雲將阿里巴巴總部設在香港、上海等大城市，在香港時，公司總部迅速發展至幾十人，聚集了世界範圍內的高級人才，有的是跨國公司管理人才，有的是國際化人才……

為了打造世界一流企業，馬雲將阿里巴巴伺服器、技術大本營放在美國矽谷，但是這意味著一筆龐大的支出。之後馬雲又在英國、韓國設立辦事處，臺灣、日本、澳洲的網站處於籌備之中，馬雲似乎被眼前的假像衝昏頭腦，準備向世界進軍……

阿里巴巴擴張的這段時間，網站每月的花銷就達到了100萬美元，直到2000年底國際化計畫泡湯時，阿里巴巴帳面資金僅剩下700萬美元，如果按照當時每月耗費資金的速度算的話，這些錢也就只能繼續維持半年，因此，進軍海外的計畫停了下來，一切也都冷靜下來。

之後馬雲回憶這段經歷的時候說道：「網際網路上失敗一定是自己造成的，要不就是腦子發熱，要不就是腦子不熱，太冷了。」

幸虧馬雲認知到了自己的錯誤，及時停止國際化路線，糾正了自己的錯誤，才使得阿里巴巴躲過一劫，成為世界知名的網站。

馬雲的態度是非常讓人讚賞的，他從來沒有隱藏自己的過錯，也沒有將面子放在第一位過，有了錯誤，他就勇於承認。

雖然他是個公眾人物，一旦承認了自己的錯誤就有可能被傳之百里、千

里，甚至萬里，但是他卻將自己的錯誤當成寶貴的財富，勇於面對，勇於承認。

批評的話語，要認真傾聽、思考

當他人在批評你時，能記在心中就證明你有非常強的抗壓能力，這對於企業的長遠發展是非常有益的。

在馬雲的創業經歷中，我們知道，馬雲最不缺少的就是受到外界的質疑。不管是在馬雲剛剛創業的時候，還是在馬雲輝煌的時候，人們一直沒有停止過對馬雲的質疑，甚至有一段時間，馬雲被人們罵為「騙子」、「瘋子」。

馬雲對此並沒有感到憤怒，而是說：「永遠把別人對你的批評記在心裡，別人的表揚，就把它忘了。」他甚至還開玩笑地說：「一輩子被別人狠狠批評過是個好事。」

的確，別人的批評對於馬雲而言真的是好事，他發明了「倒立」，並將其應用到了企業文化之中，認為「倒立看世界一切皆有可能」。

透過倒立，馬雲得到的益處非常多，主要有以下三個：

1. **可以鍛煉身體**：在工作空閒時用倒立鍛煉身體，不僅不需要任何輔助工具，動作還很簡單。每天倒立一段時間，可以舒緩疲憊的神經，使身體變得強壯。

2. **可以培養「換位思考」的思考方式**：經常倒立，鍛煉的不僅是身體，還有大腦，可以培養成一種用另一種眼光看世界的習慣，學會換位思考、逆向思維等多種思考方式。這樣一來，才能大大的提升企業團隊的創新能力。我們知道，馬雲的很多做法都不得到人們的贊同，特立獨行，不符合常規，這也許就和他經常用另一種眼光看世界有關。

3. **形成「顛覆」**：因為馬雲「顛覆式」的思考，他和他自己的團隊一直都不被看好，但他們依舊打破常規，最終走向成功，將人們都認為是不可能的事情變成現實。在創業的過程中，馬雲所受到的批評不少，但是因為

他總是用另一種視角看問題，讓他不將別人的批評看成批評，這些批評最終變成了動力，讓阿里巴巴發展得越來越好。

一個成功的企業家應該有著如大海般寬廣的胸懷，不管在什麼時候，什麼地點，別人怎樣批評自己，都不會計較。若是總糾結那些批評的話語，也許還會耽誤自己的事業，造成損失。

如果你還沒有足夠寬廣的胸懷，可以嘗試一下「倒立」，用逆向的眼光看世界的一切事物，這樣你可能還會發現批評並不是一件令你痛苦的事情，而是一件好事，也許能推動企業的發展。

將批評看成一件好事，說起來非常輕鬆，但是大部分人都是難以做到的，這是因為每個人都有虛榮心，都希望自己能被他人誇獎。對於批評，人們更願意接受讚揚。然而，普通人可以擁有虛榮心，企業家是萬萬不能讓虛榮心過盛的。若是企業家有過多的虛榮心，就會造成以下幾點危害：

使人停止不前，盲目自大

我們經常能看到這類人：一個在做出某項決策後獲得意料中的效果，被媒體宣揚後，一時間成為小有名氣的企業家。這類人通常會非常看重他人的讚美，他們會產生一種心態：看來這樣做是非常正確的，今後可以經常採用這種做法。此時，若是旁人提出一些與他做法相左的意見，他就難以接受。

這種做法可能不是企業家有著很強的虛榮心，但是在他的潛意識中，之前採用的方式就是正確的，其他的任何方法都是不可行的。長此以往，就會流失企業中好的政策，使企業停止不前。

想要避免出現這種情況，企業家就應該擁有自己的想法，價值觀要正確，不能因為別人的一兩句誇讚就得意忘形。此外，還應該對自己的狀況有一個全面的認識，優點和缺點都應該清楚。

只要能做到這一點，在面對他人表揚時，你就不會出現頭腦混亂的狀況，而面對他人的批評時，你也不會因為受到他人的影響而懷疑自己的

實力。

影響人的胸懷，降低你的高度

阿里巴巴之所以現在很輝煌，絕對離不開決策者的寬廣胸懷。身為一位企業家，若是只喜歡聽讚揚，而不聽批評，其胸懷肯定非常狹隘，這會導致企業家的眼光變得短淺，阻礙其事業的發展。

一個企業家是否具有寬廣的胸懷，直接影響著企業的規模和生存時間。

所以在創業的過程中，若是遇到了批評你的人，不要生氣，不要動火，你最應該做的就是對他表示感謝，然後告訴自己：「永遠把別人對你的批評記在心裡，別人的表揚，就把它忘了。」

擠出一點時間，放在他人的失敗經歷上

你要少聽成功專家的講話。所有的創業者都應該多花時間，去學習別人是怎麼失敗的，因為成功的原因有千千萬萬，失敗的原因就一兩點。

有一個創業者，他聲稱在自己的團隊中，有個市場策劃專家有多年市場策劃經驗，有一個副總有著充足的餐飲業運營經驗，還有一個曾經是國內一家知名連鎖的領導者。從我們的角度來看，這個團隊的品質可以說是相當高，但是馬雲對他的評價卻出乎了人們的意料。

馬雲認為，創業者應該擠出時間，放在他人的失敗經歷上，這並不是馬雲在騙人，他也不是只在嘴上說說，勸導他人，他自己也是這樣做的。

在 2006 年，淘寶創立的時間已經有三年了，馬雲對 eBay 易趣說：「在中國市場，eBay 易趣已經成為『過去式』。eBay 易趣在中國犯下了太多的錯誤，我們則幸運很多。」他還表明，雖然 eBay 易趣非常看重中國的市場，並在中國付出很多，但是還是不容易在中國網路拍賣市場中成為老大。

馬雲在說這些話時，eBay 易趣在中國市場的狀況還沒有那麼差，所以eBay 易趣發怒了，反駁馬雲說：「有些說法真的是太誇大其詞了。」

　　實際上，馬雲說這些話，並不是有意向 eBay 易趣挑釁，主要原因是這樣的：

　　在中國市場，eBay 易趣運行的方式是美國企業模式，與中國的國情是不相匹配的；而且 eBay 易趣所採用的技術平臺也不太適合中國市場。在歐美市場，eBay 易趣雖然處於領導地位，但是它在進入亞洲市場後沒有修正……總而言之，因為沒有考慮到中國特殊的國情，eBay 易趣出現了很多錯誤，這需要長時間的修補才能挽救。

　　馬雲之所以能看到 eBay 易趣在中國市場所採用的策略的問題，並不僅僅是出於對中國國情和國內市場的了解，還有就是從阿里巴巴那年所做的錯誤決策 —— 發起過度國際化，馬雲從中吸取了失敗的教訓。當然，現在我們所說的重點並不是這個。

　　在經歷一次失敗之後，能夠馬上吸取到經驗，並不能說明馬雲是何等高明，普通的企業家都能做到。但是若是有意從失敗中歸結出經驗，甚至能從他人的失敗中得到經驗，就能說明這個人管理企業非常高明，而馬雲就能做到這一點。

　　eBay 易趣在和淘寶網真正交鋒時，人們知道淘寶網之所以能夠勝出就是因為它是完全免費的，而 eBay 易趣則是收費的。實際上，這只是一個主要的原因，淘寶網勝出的原因還有一個，兩家企業在進行廣告之爭時，馬雲之所以能勝利，就是因為從其他企業的失敗中吸取了經驗教訓，這樣，馬雲才戰勝了 eBay 易趣。

　　易趣並不是第一個來到中國 C2C 市場的公司，第一個是「雅寶」。雅寶在剛剛來中國市場後非常有名氣，但是它的財力並不能和易趣相提並論，很難拿出和易趣一樣多的資金投放在廣告上，所以在很短的時間內就失敗了。之後，淘寶網出現了，易趣依舊想憑藉財力打敗淘寶，但是淘寶的實力也是很強的。

淘寶網在剛剛出現後，就和當年的易趣一樣，在廣告上投放了很多資金，而且還利用了讓人無法抗拒的推廣廣告的技術，強彈視窗，而這時易趣所採用的推廣廣告的技術依舊是傳統的方式，使得大部分流量都被馬雲搶占了。當易趣醒過神後，也想學習馬雲那種「流氓廣告」技術，但當時中國網際網路市場正在進行「反流氓運動」，易趣正好被打擊到，而淘寶網已經放棄採用這種方式了。

廣告策略，再加上免費策略和 eBay 易趣對中國國情的不了解，使得人們向馬雲一方靠攏。這場競爭雖然沒有之後的免費策略具有重要的意義，但是馬雲將雅寶失敗的經驗吸取了，順利戰勝了 eBay。

可能是因為自己經常吸取失敗教訓、總結他人失敗原因，馬雲才會給出不同於他人的建議。但馬雲說，他並不是百分百否定成功學，也不是只讓大家學習他人失敗的經驗，而是不要為了得到成功而學習成功學。他說：「真正的成功學是用心感受的。有一天如果你成為了成功者，你講任何話都是對的。」在阿里巴巴中，也存在聽成功學的人，這種東西不經常聽，突然聽一回能振奮人心，若是將成功學視為自己的榜樣，就會退步。

在這個問題上，我們在生活中並不少見。有些產品業務員，在售賣產品前需要聽大量的「培訓課」，他們的腦中裝滿了關於這些商品的誇大言辭，在街上每遇到一個人就向其推銷自己的產品，他們和成功專家差不多，說出的話都是空洞的言論，讓人感到厭煩。每次都是顧客還沒聽到想要聽到的，就因為不能忍受其口若懸河而「逃」掉了。

馬雲在宣傳中國黃頁時，採取的推銷方式同樣是「滔滔不絕」，與那些產品業務員不同的是，他在宣傳時一直圍繞著產品，讓客戶了解到產品，而不是像一些產品業務員那樣宣傳「成功學」。

當我們是局外之人時，總能清楚看到他人的錯誤和失敗，但大部分人都對別人抱著嘲笑的心態，所以在事業上都不是成功者。想要成為一位優秀的企業家，就應該在發現他人的錯誤和失敗時了解錯誤的原因，並從中吸取教

訓，以免自己出現類似的錯誤，這樣我們才能逐漸提升自己，也才能將企業帶領至通往成功的道路上。

第十一章
懂得利人，方能立於不敗之地

員工培訓，是企業中不可缺少的規劃

> 身為領導者，培訓員工就是領導者的職責所在，它不但是職業生涯規劃中的重要內容，更能夠豐富員工專業知識，增加員工對企業的安全感、滿足感，讓他們有更多的發展機會，降低員工流失率。

很多企業不願意花費資金培訓員工，認為這個過程既浪費時間又浪費資金，實在不值得，讓他們直接工作，自己尋求經驗不就得了嗎？

透過培訓來管理員工是馬雲的又一個創新，在培訓的過程中能夠將阿里巴巴的企業文化灌輸到員工的腦海之中，將現代管理理念、方法灌輸到員工的腦海之中，將現代企業管理制度灌輸到員工腦海之中⋯⋯

2000 年，網際網路危機開始了，阿里巴巴全球裁員之後開始「延安整風」。「延安整風」指的是對員工培訓價值觀。

阿里巴巴的培訓按照自上而下的原則進行著，從高層開始，之後是中層、員工。當時，阿里巴巴的十八羅漢，包括馬雲在內，都參加了培訓。

早期的阿里巴巴核心成員多是技術出身，對管理方面的知識了解得非常少，於是，透過培訓讓這些技術出身的核心成員了解現代化管理，進而逐漸完善阿里巴巴現代管理。

透過這次「延安整風」，阿里巴巴大大提升戰鬥力，可以這麼說，培訓就是阿里巴巴重要的管理武器。

之後，阿里巴巴建立了「百年阿里」培訓班用來培訓管理；建立「百年大計」培訓班用來培訓銷售；之後又建立了「百年誠信」、「百年客戶」等為客戶準備的免費培訓。

正是這麼多的培訓構成了阿里巴巴從員工到管理幹部再到客戶的完整培訓體系，只要是剛進入阿里巴巴的員工，都必須經過培訓、通過考試，不但考業務能力，還會考價值觀，過不了關的人不能進入阿里巴巴。

阿里巴巴為了更好培訓自己的員工而專門建立的組織，又名阿里學院。

同時，阿里學院與沃頓商學院、倫敦商學院、哈佛商學院、清華、北大等一流學校聯手，保證了阿里巴巴培訓的嚴謹度。

現在，很多知名企業都透過培訓的方式增加員工的學習機會，提高員工的自身素質、能力，進而加快企業發展的步伐。

當然，不要將培訓當成一種必要措施，甚至是應付的事情去做，那樣的話，只會讓培訓變得毫無意義。培訓應該是一項非常嚴肅的事情，整個過程有一定的目的性，有一定的規章制度，當然也會配合一些娛樂，但更重要的是讓員工懂得企業規章制度，在培訓的過程中有所收獲。

馬雲曾經說過這樣的話：「你的員工，最好是用法律條文規定，最重要的是讓你的員工和幹部要懂得職業操守的訓練和培訓，讓他們真正懂得什麼叫職業操守。」

偉大企業，公司員工是「主力」

一個公司的建立、發展，靠的並不是領導者，而是每位員工。

有這樣一句古話：「得民心者得天下。」沒錯，哪一個君王如果不為民著想，整天想著自己如何享受，如何錦衣玉食，那麼天下早晚會被人奪走。喪失民心的君王是非常危險的，它印證著「水能載舟，亦能覆舟」這句話。

馬雲在經營自己企業的過程中注重調動員工的積極度，培養出一批勤奮的員工，才有了企業今天的成功。

馬雲在創業道路上，時刻對自己的員工說：電子商務前景非常樂觀，但是未來電子商務發展依靠的不僅僅是客戶數量、服務品質，更重要的是技術。並且，他經常表示希望員工能和自己擁有同樣大的夢想，團結一致。馬雲每次為員工開會，都能夠博得震耳欲聾的掌聲，這正是員工們對他的理念最好的回應。

馬雲對雅虎並購之後，原有的阿里巴巴、淘寶網又多出了雅虎中國等數

十種產品，值得一提的是馬雲的做法在無意之中驚動了世界級強大的競爭對手，包括易趣、Google、新浪、網易等，這些大企業正在向著電子商務領域邁出步伐，已經對馬雲的團隊發出了挑戰。

馬雲並購雅虎之後舉行了第一次全體員工大會，他的第一句話就是：「歡迎回家！以後只有一家公司。」雷鳴般的掌聲瞬間響起。在馬雲的眼中，無論是並購前還是並購之後，都只有一家公司，那就是阿里巴巴。從最初的員工在馬雲家中上班，到現在大會堂都容納不下馬雲的員工這樣大的場面，馬雲的心中更多的是希望，他希望，幾年之後，阿里巴巴的員工可以多至開會要在萬人體育館中進行。

這一天，阿里巴巴的全體員工都聚集在杭州「受訓」，雖然會議只有短短的 40 分鐘，可馬雲卻用酣暢淋漓的演講將自己所要表達的中心思想表述出來了，那股熱情燃燒了在場的 3,000 餘名員工。

馬雲帶領著全體員工一起努力，僅用 6 年的時間就使得阿里巴巴迅速發展，可馬雲並非因此滿足，在他看來，距離理想還遠得很，他想創造的是中國人自己的偉大公司。

就在 2009 年的阿里巴巴十週年的慶典上，馬雲宣布阿里巴巴要進入世界的前五百強，做 102 年的企業。

雖然阿里巴巴目前的發展勢頭大好，但是誰又能預測到未來的動向呢？誰又能知道災難何時降臨呢？馬雲是個非常有遠見的人，他呼籲自己的員工：「未來兩年之內，無論發生什麼事，希望大家都能留下來，我們還很年輕，但是時間不等人，我們必須邊跑邊調整。未來公司中的員工淘汰率會保持在 10% 左右，但只要不是罪無可恕，我都歡迎你們回來！」

就是馬雲這樣動情的演說，將阿里巴巴的 3,000 名員工團結在一起，讓他們為著公司最大的目標 —— 他們的共同目標 —— 「偉大的公司」奮鬥著。

就是這個目標，讓馬雲的熱情成功「燃燒」著在場的 3,000 多名員工，

他們就像聽命的士兵那樣，將軍的戰鬥熱情感染著他們，使得他們的手不自主地握住了兵器，時刻準備應戰。

在馬雲看來，馬雲並未向自己的員工承諾過高官厚祿，相反，他告訴他們，他們會在這個公司之中遭受磨難和委屈，但是這些不幸過後，員工們就能夠明白什麼是成長，以及如何打造出更加偉大、堅強的公司。

馬雲的理念之中，員工是第一，客戶第二。他認為，沒有他們，就沒有阿里巴巴網站，員工開心了，客戶才會更開心。客戶們鼓勵的話語，會讓員工們更加有熱情做事，使得阿里巴巴網站不斷發展。

馬雲說：「當員工達到 100 人時，我必須站在員工的最前面，身先士卒，發號施令，當員工增至 1,000 人時，我必須站在員工的中間，懇求員工們鼎力相助，當員工達到 10,000 人的時候，我只有站在員工的後面，心存感激即可，如果當員工增加至 50,000 ～ 100,000 人時，除了心存感激還不夠，必須雙手合十，以拜佛的虔誠之心來領導他們。

正是由於馬雲這種將員工放在首位，視員工為「主力」的態度使得阿里巴巴勇往直前，在波濤洶湧的商海之中穩速前行！

用人有擇：有才無德不能用

公司、企業用人的時候，不能夠一味選擇有才的人，有時候公司被毀滅往往是因為這些有才無德的人，他們為了實現某種目的而不惜代價。

俗話說得好：「人非聖賢，孰能無過？」可即使是這樣，有些原則性的錯誤也還是不能犯的。所以企業在選擇人才的時候要注意，雖然不能要求員工盡善盡美，但也不能「睜一隻眼閉一隻眼」，人才犯了錯要受到懲處，尤其對於那些道德有問題的人，公司應該從長遠發展的角度去思考問題，這類人最好避免聘用，否則對於公司的發展非常不利。

阿里巴巴就曾經出現過一個讓領導階層棘手的問題。在公司裡面，有位員工和客戶接觸的過程中，對客戶承諾回扣，使得主管們非常吃驚，因為阿

里巴巴是不允許有這樣的事情發生的。

調查後發現，這位業務員的銷售業績一直以來都非常優秀，他的銷售業績已經達到了該季度的「優秀」標準，但是銷售業績的提升靠的正是這個「歪招」。

管理階層在考慮如何處理這個業務員的時候確實有些傷腦筋，因為他的表現一直都非常好，也非常遵守阿里巴巴的規章制度，曾經被評為過「銷售之星」。他可能只是因為急於賣掉產品，為公司創造利益而採用了這樣愚蠢方法，難道就不給他一次改過的機會，直接把他開除嗎？

馬雲並沒有給出討價還價的餘地，就在這件事被查出的當天，給他辦了離職手續。對於那些可能會影響公司前途的人，馬雲沒有絲毫的手軟，在馬雲看來，道德是神聖不可侵犯的。

阿里巴巴中對於人才的評估機制被稱作「六脈神劍」，它以價值觀為首要目標，這一點是其他公司所不具有的。

「六脈神劍」將阿里巴巴公司裡面的員工分成了三種類型：獵犬型員工、小白兔型員工和野狗型員工。

其中，獵犬型員工指的是業績好、品德高尚的員工，此類員工在阿里巴非常受重視，不但可以受到非常好的培訓，成為公司主力，並且能夠被公司重用。

小白兔型員工品德比較高尚，可業績一般，對於這類員工，公司會幫助他們成為獵犬型員工，提升他們的業績水準。但是，如果小白兔型員工無論經過怎樣的努力、無論公司怎樣幫助都不能成為獵犬型人才，那麼公司就會慢慢將其淘汰。

野狗型員工指的就是那種業績非常好，但是道德素質比較差的員工，其實，無論這樣的員工銷售業績有多高，阿里巴巴都堅決不會聘用他們。

通常情況下，企業在業績評估時，都會將業績放在首位，尤其對於那些能夠給企業直接創造價值的員工來說，百般呵護。

對於一個成功的企業來說，品德才是首位，不但阿里巴巴，其他企業也是如此。談到員工品德，「忠誠」二字不可或缺，對於企業來說，忠誠為員工必備素質，決定企業的衰敗。只有選擇那些德才兼備的人才，才能夠幫助公司順利向前發展，公司才可蒸蒸日上！

人不可貌相，海水不可斗量

有真本事的人才能永久在商場之中屹立，遇到艱難的生存環境不會輕易倒下去，世界上的人只要有夢想，只要不斷努力、不斷學習，無論你的長相如何，都能成就一番自己的事業。

古語說：「人不可貌相，海水不可斗量。」意思是不能憑藉容貌來判斷一個人的能力。但是現在呢？很多公司都會憑藉第一印象去選擇人才，這種評判方法無疑將公司的切身利益拋之腦後。

見過馬雲或者是在海報、電視機前看到過馬雲的人都知道，他其貌不揚，可他卻非常有才，非常成功。

馬雲從上小學開始，他的功課都非常好，數學成績卻是一團糟，等到他初中畢業的時候，想要考個二流高中，卻沒想到，接連考了兩次都沒考上，就是因為數學成績太差。

馬雲曾因此自嘲，說這和腦袋大小有關，他小腦袋、小身子、小眼睛。腦袋小本身給人的感覺就是不聰明。

馬雲18歲的時候，第一次參加高考，卻沒想到那年他的數學就只考了1分，落榜之後的馬雲認為自己根本就不是考大學的料，準備做臨時工補貼家用，在表弟的指引下，他去西湖的一家賓館中應聘，只是想做個端盤子刷碗的服務生，卻沒想到，表弟被錄取了，他卻被拒絕了。賓館老闆拒絕他的理由就是：表弟外表比馬雲強很多倍。

透過這件事，馬雲不禁慨嘆：長相不好，又不是我的錯。但馬雲已經成了世界上知名的老闆，可那位表弟呢？仍然在一家飯店洗衣班裡做洗衣工。

確實，馬雲瘦小黝黑，《富比士》雜誌上描述他：「深凹的顴骨，扭曲的頭髮，淘氣的露齒笑，5 英尺高，100 磅重的頑童模樣。」但他是第一個登上《富比士》的華人企業家。

馬雲登上《富比士》之後，引發了一場「富比士風波」，有人說《富比士》記者被馬雲製造出來的假像迷惑了，也有人說他是耗費重金登上的富比士⋯⋯

流言蜚語滿天飛，這一期的《富比士》雜誌上，除了登上馬雲這位土生土長的中國人外，還從全球 25 類 1,000 多家交易市場中挑選出做得最好的 B2B 企業，馬雲的阿里巴巴被評為 B2B 網站第一名。從那之後，連續七次被富比士評為全球最佳 B2B 網站。

正是這個「長相怪異」的男人在中國創造了奇蹟。馬雲說，自己在香港大街上閒逛的時候發現自己上了雜誌封面，由此恍然大悟「原來自己這麼醜」。

某主持人曾調侃馬雲：「當時您的那句『一個男人的才華往往與容貌成反比』一出口，很多人都馬上低下了頭，我猜他們肯定是在埋怨自己的父母當初為什麼把自己生得那麼英俊。」

馬雲卻回應說：「對，現在已經不太有人說自己長得帥了。我這次在歐洲也剛回來，在歐洲有人好像也看見這個。然後所有人都說你覺得我長得醜不醜。」

其實，人的容貌是與生俱來、難以改變的，長得醜沒有什麼關係，關鍵是看你懂不懂得自我完善，懂不懂得主動學習，不願意在學習上投資的人，即便長得再漂亮也還是當不了長久本錢的，因為容顏終究會褪去，如果你在容貌褪去之後仍舊什麼本事也沒有，如何在這複雜的社會中生存下去？

領導人的魅力，能夠吸引人才

引進人才不能用唾手可得的利益「引誘」而來，而是應該用企業快樂文化

和領導的個人魅力去吸引人才，讓人才自己靠攏過來。

每個企業都渴望得到人才，而人才也是企業之中寶貴的資源，無論何時，引進人才都是企業領導最關心的問題。在馬雲看來，企業不能用唾手可得的利益去「引誘」人才，而是應該用企業文化，以及領導的個人魅力去吸引人才。

阿里巴巴的發展過程中有個重要人物值得一提，那就是 —— 蔡崇信，他加入阿里巴巴的過程是有一定的戲劇性的。

在蔡崇信還是 Invest AB 集團副總裁的時候，曾經造訪阿里巴巴，目的是找個合適的投資對象，馬雲在與他見面的時候談到了自己對於電子商務的看法，並將自己全球最大 B2B 網站「芝麻開門」的夢想倒了出來，邀請蔡崇信到自己的家裡進行實地考察。

到了馬雲的家中，蔡崇信大吃一驚，在一個四居室的房子中，竟然有 20 多個人在工作，地上扔著床單等雜物，從他們的表情中能夠看出，他們工作得都非常開心，他們是熱愛阿里巴巴的，馬雲和員工之間的關係如此密切，讓蔡崇信非常驚訝。

沒過多久，蔡崇信又到杭州找馬雲，而這次，他並非以投資者的身分而來，而是專門來聽馬雲「十八羅漢」的故事，正是這個故事，打動了蔡崇信。

蔡崇信向馬雲提出了想要長期加入阿里巴巴的想法，讓馬雲著實被嚇了一跳，蔡崇信堅持了自己的選擇，就這樣辭掉了在 Invest AB 的工作，加盟阿里巴巴，從一個年收入幾十萬美元的高級經理人轉眼變成了月薪水兩萬新臺幣的阿里巴巴人。

其實，類似的故事在阿里巴巴還有很多。再比如馬雲在哈佛講演之後，35 名哈佛 MBA 將馬雲攔住，要求「Jack Ma」一起「芝麻開門」，去阿里巴巴工作。

在馬雲的身上，我們看不到虛榮心，他不怕沒面子，能夠非常坦然面對自己曾經的失敗，甚至能夠針對自己的長相自嘲，這一點對於一個人來說是很難做到的，很多人由於不能做到這一點而不斷看扁自己，為自己耗費大量精力，這樣的生活是非常疲累的，他們所過的每一天都幾乎在演戲。

馬雲沒有這樣做過，他臺上臺下都是一個人，不會因為誰而改變，實際上，將自己的不足之處真切表達出來，也能夠將自己的能力展現出來。

馬雲確實非常與眾不同，甚至可以說得上是偉大，他活得非常坦然、真實，他的人格魅力吸引了很多優秀人才和他一起為理想而奮鬥，成就一番事業。

多數成功的領導者的身上都有著巨大的吸引力，能夠將員工的目光吸引過來，甚至能夠讓員工們為了工作而竭盡全力、傾盡全部，這就是領導者的魅力所在。

馬雲雖然不懂網路技術，但是他非常尊重技術，因為在他看來，網際網路發展到今天，與技術是脫不了關係的，沒有技術的創新，網際網路的一切都是空話，阿里巴巴公司內部雖然沒有將技術人員放在第一線，但在馬雲心中，技術人員永遠都是公司之中最重要的資源。

雖然阿里巴巴有來自北大、清華、哈佛、耶魯等名校裡面的學生，但是如果有人詢問阿里巴巴公司的員工哪所學校最好，他們一定會說：杭州師範學院！

馬雲就是如此真實，他從未因為誰是名牌大學畢業、誰是普通院校畢業而高看或低看誰一眼，他看的是能力，重視的是人品，誰的品德、素質高尚，誰在為公司做貢獻，誰才是真正的強人、能人。他的用人原則本身就是一種人格魅力。

他對待下屬和藹可親，善於激勵、鼓勵員工，勇於做員工的表率，最重要的一點就是馬雲的心胸非常寬廣，他不會輕易否定身邊人的不同看法，甚至能夠包容身邊的反對意見、包容自己的對手，他似乎是各種優秀品質的結

合體，因此，他的光芒吸引了很多人。

吸引人才，更要培養人才

社會上那麼多的優秀人才，無一不是經過培養之後才成為優秀人才的。無論在學校之中多優秀的學生，步入社會之後與在校園之間的差距都是非常大的。

通常情況下，企業並不看好應屆畢業生，認為他們剛剛走出校門，沒有經驗。可經驗並非與生俱來的，對於大學生來說，應該主動走向社會，在社會上學習知識和經驗，透過實踐訓練、累積實用的經驗，因此企業應該給應屆畢業生訓練的機會，承擔起培養人才的重任。

在馬雲剛創業時，阿里巴巴對應屆畢業生非常感興趣，最初馬雲並未考慮讓應屆畢業生加入團隊，因為他覺得應屆畢業生的抗壓力比較差，心氣浮躁，會經常換工作。他曾說過「中國的大學，只會教人知識，不會教人技能，根本不是什麼菁英教育。中國的大學生，大部分都差不多，不論是聰明才智，還是社會能力。」

當然馬雲很快轉變了這種觀點，因為他很快發現，應屆畢業生很容易接受新鮮事物，成才概率比較高。只要是踏實肯做的年輕人，都能夠被當成獵犬型人才培養。

從那之後，阿里巴巴開始了大規模的校園招聘，甚至用盡招數招聘優秀人才。在大學校園中，我們能夠看到阿里巴巴的招聘人員大聲地吆喝：「大家看一看，看看阿里巴巴適不適合你們的發展！」就是這種獨特的招聘方式吸引了很多大學生。

此外，阿里巴巴對於大學生物質獎勵也是非常豐厚的：筆試第一名獎勵8萬元，每位被錄取的員工都會得到阿里巴巴的股票期權，並且新招來的員工會有其特定的發展、培訓計畫。所以馬雲曾經說過這樣的話：「一般的學生都被谷歌和微軟給招走了，我們選的都是不一般的學生。」

　　的確，大學生年輕氣盛，經驗不多，可脾氣不小，很容易因為小事而「發飆」，使得企業領導階層認為他們不可靠，甚至輕視他們。

　　可是，我們不妨換個角度想想，有經驗的人大都做事顧慮多，有著「初生牛犢不怕虎」的勁，有彰顯自身潛力的欲望，企業如果能夠利用這點，將年輕人身上的潛力充分挖掘出來，那麼前景大好，也能夠為企業做貢獻。

　　企業應該給剛剛步入社會的莘莘學子們鍛鍊的機會，是否優秀，鍛鍊之後見分曉。可能有些學生在學校裡面並不「拔尖」，但是步入社會之後，在企業之中經過一段時間的鍛鍊之中，就會成為企業中的優秀人才。

　　馬雲曾說過：「我上學的時候從來沒有進過前三名，當然也沒有進過後十五名，由此可見，中等偏上的學生最有可塑性。」

　　其實，透過馬雲的這句話我們也能夠看出，最優秀的學生不一定是最有本事、有成就的；而不太優秀的學生也可能成為最優秀的企業型人才，關鍵是看「塑造」的過程。在企業之中，環境是一方的因素，更重要的還是應屆畢業生本身，他的性格、品質等決定著他能否有所成就。

有壓力，不能施加在員工身上

　　作為領導者，應該有能力給員工和企業帶來快樂，沒有人喜歡在死氣沉沉的工作環境中工作，也沒有人喜歡在嚴厲的上司的帶領下工作，總是製造壓力的領導者是不合格的。

　　工作上有壓力是難免的，壓力的產生與工作時間的長短、工作方式、工作量等因素有關，很多人在工作中都承受著不同程度的工作壓力，絕大多數人認為「有壓力才有動力」，事實上，員工工作的壓力過大，連喘息的機會都沒有，會降低工作效率。

　　看過馬雲演講，或者是與馬雲有過接觸的人都知道，他是非常樂觀的人，他希望自己企業的領導、員工能夠快樂工作、生活，

　　在馬雲看來，任何一個創業者，都應該能夠展現出自己的笑臉，如果你

的臉總是展現出一副很痛苦的表情，那麼你就會感染別人，使得別人也變得痛苦。當然，不僅僅是領導，員工也應該用快樂的心情去面對工作，應該明白，工作不僅僅是為了滿意的薪水，還是為了讓自己的能力在工作之中慢慢成長，只有那些能夠讓員工快樂、努力的公司才稱得上是好公司。

判斷一個公司的員工是否優秀，不能光看他是哪所名牌大學畢業的，而是看這個人每天上下班有沒有笑臉；看一個公司是否優秀，不是看這個公司有多少名牌大學畢業的學生，而是看這個公司每天上下班有多少張笑臉。

馬雲曾說過，如果沒有員工，就不會有阿里巴巴這個網站，只有員工們開心了，阿里巴巴的客戶才會開心。並且客戶們的鼓勵言語又會激勵員工們的工作情緒，使得阿里巴巴不斷發展壯大。

阿里巴巴的員工上班時候的穿著非常隨意，隨時都可以到馬雲的辦公室裡，馬雲的原則就是：讓員工爽！

馬雲認為，每個人每天所擁有的時間都是有限的，如果不快樂地工作實在是太可惜了。馬雲一直在努力為自己的員工創造一個能讓他們快樂工作的環境。

馬雲不但能夠將自己的快樂情緒顯現出來，並且還會製造快樂的氣氛影響周圍的員工，他如同一個閒不住的大男孩，不知道什麼時候就會出現在員工身後，天馬行空聊起天來，鼓勵員工發展個人愛好。在阿里巴巴杭州總部牆壁上，貼滿了大家出遊時的照片。

對於控制壓力，馬雲做的也非常到位，他很少會將壓力傳遞給自己的員工，因為他覺得壓力是自己的，不應該傳染給自己的員工。他認為，有笑臉的公司是非常痛苦的，馬雲非常喜歡豬八戒的幽默，他是枯燥的取經路上的潤滑劑，西天路雖然又苦又累，但是他還是能夠說出玩笑之語，大家笑著走完取經路。阿里巴巴的 logo 就是個笑臉。

馬雲的管理方式非常人性化，平易近人、性格開朗，不但得到了員工們的認可，同時也得到了社會認可，曾榮獲「2005 中國年度十大雇主」稱號。

　　馬雲說，2005 年最讓他開心的還不是阿里巴巴超過了易趣，也不是因為並購了雅虎中國，而是成為中國最佳雇主公司。馬雲非常希望阿里巴巴可以成為年輕人展現自己能力的平臺，希望他們能夠獨當一面，將阿里巴巴打造成中國人創造的全世界最偉大的公司。

　　馬雲說：「任何一個創業者很重要的是永遠把自己的笑臉放上去，我看看你的臉是很痛苦的樣子，我很難讓痛苦的臉為人帶來快樂，快樂是需要展示出來的。」

　　他時刻在員工面前展現笑臉，員工們在這種氛圍之中感受到了工作的樂趣，輕輕鬆鬆、高效做完了需要做的事情！

用人原則：人盡其才

> 一個企業效益的好壞關鍵就是人才身上，企業經營的好壞，就看決策者是
> 否能夠將經營管理抓好，做到人盡其才。

　　有些店面可以長存，成為「百年老店」，有些店面招牌還沒被「晒熱」就被卸了下去，為什麼有的企業可以長存，而有的企業生命力卻如此短暫呢？

　　雖然導致此結果的誘因很多，但用人是否得當是其中的關鍵因素。領導者應該大膽啟用有能力的人，培養一批高水準員工隊伍。

　　馬雲的一生中充滿了奇蹟，甚至有人將其稱之為神話，業內人士稱馬雲為網路帝國的「拿破崙」（Napoléon Bonaparte），在馬雲看來，「大材小用」或「小材大用」都會成為成功道路上的絆腳石。

　　在馬雲建立阿里巴巴的過程中，走過很多彎路，如早期阿里巴巴請來了很多「高手」，還有曾經加盟過阿里巴巴的 500 強大企業的管理人員，他們的確是人中強者，卻因為「水土不服」夭折。

　　馬雲總結了這次失敗的經驗：這些人雖然管理水準非常高，但是卻並不適合加盟阿里巴巴。

　　馬雲雖然不懂電腦和軟體、硬體等，但是卻能夠在網際網路領域取得成

功，他也沒有什麼太高的學歷，卻在網際網路領域取得了成功，卻能夠從一名英文老師搖身一變成為企業家。

別人在學習技術的時候他在學習管理，馬雲明白，只要人才盡納囊中，利用好人才，成功就近在咫尺。

很多中國企業的現狀都是：經過幾年創業之後，僅僅是領導者迅速成長，能力迅速增強，企業中人才的成長卻並不顯著。

馬雲認為，領導者應該學習唐僧的用人原則，懂得利用人才的長處，用人用到位。馬雲的用人策略告訴我們，僅僅憑藉一己之力是很難做大企業的，自己一個人也不能走向真正的成功。

在馬雲看來，一個企業領導人如果用半年的時間都還不能找到代替自己位置的人，就說明你在選擇人才的時候有問題，說明你不會用人。領導者應該有將員工潛能挖掘出來的能力，找出員工身上的優點。

每位員工身上都有其優點，有著別人所不具有的潛在能力，關鍵是看領導者如何能夠將這種潛力挖掘出來。馬雲堅持著自己的用人策略，也正是因此，他才能走向成功。

想要造就出一個優秀的企業，並非打敗所有競爭對手之後你才是贏家，只有你擁有自己的競爭優勢，建立起自己的團隊和文化，這個企業才是真正的成功。

一個領導人不可能在一個企業待一輩子，他要退休、要讓位，他應該在臨走之前為企業留好「後手」。

馬雲說，自己離開阿里巴巴之前會建立起阿里巴巴和淘寶的競爭優勢、企業成長的機制，到了那個時候，無論是誰接手都已經不重要了。

我們都知道馬雲在網際網路行業之中屢創奇蹟，建立了世界上最大的電子商務網站，可這些都不是馬雲最得意之處，他的團隊、他的用人之道才是他的強項，他將用人看得比融資重要，他常常說，合適的才是最好的，無論你是「土鱉」，抑或是「海龜」，不管你是公司的元老，還是新來的員工都是

如此。

　　世上不缺少「千里馬」，但是像伯樂這樣的「識馬人」卻並不多，每個人都可能成為人才，有些人甚至直到現在仍然不知道自己身上所具有的巨大潛能，關鍵是看領導者怎麼將人才用到位，最大限度地將其優勢發揮出來，而在這一點上，馬雲做的就非常成功。

　　因此，管理者應該懂得這樣的原則：用人時要人盡其才，盡量安排自己的員工做自己喜歡做的工作，因為只有這樣才更容易做成功！

做個「媒人」，方便他人，利於自己

> 馬雲和阿里巴巴是一個非常合格的「媒人」，不僅能讓你做廣告，以得到更多「異性」的關注，還能將企業最好的一面展示在他人面前。

　　在 2004 年，馬雲第一次被選為「CCTV 年度十大經濟人物」。那時，給馬雲頒獎的是海爾集團首席執行官，他說：「他熱心做媒，撮合百萬意中人；他牽線搭橋，連結 200 多國家和地區；你在他那裡登記名字，他讓你挑選整個世界。」

　　在說完這句話後，馬雲在響聲如雷的掌聲中走向領獎臺。

　　非常巧合，馬雲在獲獎前，《中國企業家》雜誌社社長兼《經濟日報》出版社社長說過一句這樣的話：「就像比爾蓋茲已經成為人類創造網際網路的傑出代表一樣，馬雲必將成為人類利用網際網路的傑出代表！」

　　對馬雲和阿里巴巴的評價，並不是有名無實。在中小型企業中，馬雲和阿里巴巴所扮演的角色確實是不可或缺的「媒人」。

　　馬雲和阿里巴巴這個媒人，首先要做到的就是為中小企業尋找「如意郎君」，也就是優質企業。一個品牌的代理商說道：

> 我做的是服裝買賣，主要的行銷管道就是尋找批發商。曾經的批發商，需要依靠關係得到客戶，如果這層關係消失了，我就很難讓其他人知道我的企業。現在我的企業規模需要擴大，但是沒有錢讓明星

代言，更沒有錢播放廣告，很難推廣企業出去，只要依靠自己辛苦經營，而且我還需要時常給批發商好處，讓他們從我這裡進貨。現在阿里巴巴出現了，它幫我解決了很多問題。這個平臺比電視上登廣告便宜多了，而且電視廣告還限制時間段。在阿里巴巴，如果客戶想要我經營的這類商品，就可能會搜尋到我的企業，透過這個平臺，我可以向客戶介紹很多關於我經營的產品的資訊，減少了我用來開發客戶的時間和精力。這些優點，傳統媒體都不能做到。

阿里巴巴想要在中小企業間「做媒」，必須能將雙方最好的一面展示出來。而選擇採用哪種推廣方式，應該考慮企業需要的服務。

一個經營汽車內飾品的企業，在阿里巴巴上註冊後，能將企業的所有資訊都放在上面，比如公司位置、成立時間、提供的服務、服務特色等。如此一來，客人在點開商品時，就能看到這些資訊。此外，企業還能用「企業線上」和阿里巴巴連繫，將自己想要特別展示的東西告訴阿里巴巴。不管怎樣，客戶能在阿里巴巴這個平臺上，將自己最好的一面呈獻給客戶。

而且，企業可以毫無顧忌地在阿里巴巴上交易，因為阿里巴巴有一個叫誠信通的服務。有誠信通在，若是企業在阿里巴巴上做了什麼事情，都會留下痕跡。

透過誠信通的嚴加「看管」，企業沒有膽量欺騙顧客，否則就會影響自己的信用。

但是阿里巴巴不會剝奪企業之間交易的自由。不管企業之間採用哪種交易方式，阿里巴巴都不會理會，更不會詢問雙方交易的價格和雙方的交易數量。實際上，它就是一個平臺，讓交易兩方的企業更加便利。

對於一個企業而言，推廣自己的商品自然是非常重要的，但是貿易才是企業生存的重中之重。為了讓在阿里巴巴平臺上的客戶在交流的時候更加便利，馬雲和其團隊推出了一項服務，就是貿易通，操作起來很簡單。

貿易通的功能不只是企業之間可以交流溝通，還可以讓企業透過撥打服

務熱線，了解自己想知道的網路貿易問題。

毫無疑問，阿里巴巴是一個仲介平臺，它可以給企業之間的貿易帶來便利，當然還可以透過推薦服務得到收益，與中小企業互相獲得利益。

如今，阿里巴巴在中國是規模最大的網路公司，在全球是第二大網路公司。阿里巴巴之所以有今天的成就，是因為它在為自己收取利益的時候，讓客戶企業的發展得到了便利，並感受到阿里巴巴這個平臺存在的價值。

透過馬雲和阿里巴巴的經歷，我們可以知道一個道理，方便別人，才能有利於自己，而這正是阿里巴巴屹立不倒的珍寶。從馬雲的內心來說，他非常樂意在中小企業間當「媒人」，因為他深知，方便他人，可以讓自己壯大起來。

所以，創業者想要創業成功，不妨效仿一下馬雲，看看能否在給其他企業便利的同時，為自己的發展帶來益處，不要只看眼前的利益。

幫助別人賺錢，自己才能財源滾滾

只有先讓合作方得到收益，自己才能得到收益。

在老子的《道德經》中有這樣一句話：「將欲去之，必固舉之；將欲奪之，必固予之。將欲滅之，必先學之。」此小節中我們主要講下「將欲奪之，必先予之。」意思很簡單，就是想要得到某件東西，首先應該給予某件東西。就像我們平時買東西，想要得到商品，必須先給錢。

而馬雲正是採用這一法則，使得阿里巴巴和淘寶網發展得如日中天。

大家都知道，阿里巴巴和淘寶網在剛剛成立的時候，馬雲都沒有收取註冊會員的費用，特別是淘寶網，在 2003 年剛剛創立時，馬雲就表示，淘寶網讓所有的用戶免費使用三年。也就是說，在三年之中，淘寶網沒有任何收益，都是依靠阿里巴巴在 B2B 市場獲得的收益補貼。為了讓淘寶網上的用戶在操作的過程中更加便利，兩年中，阿里巴巴就在淘寶網上注資差不多 25

億新臺幣。

馬雲說：「中國的 C2C 市場還處於市場培育階段，免費模式更利於跑馬圈地。」所以馬雲一直堅持著免費，不僅如此，馬雲還勸易趣網也採用免費的模式，但是被拒絕了。

在中國 C2C 市場，淘寶網和易趣絕對是代表，實行一切費用免收的策略意味著什麼？

通常情況下，C2C 網站會透過多種管道來收費，比如交易服務費、增值服務費、網路廣告費等。在這些費用之中還包含很多小額收費，比如交易服務費有商品登錄費、成交手續費、額外交易費、線上店鋪費等。這些費用算在一起，數目並不小。在三年之中，若是一分錢不收，想像一下，網站所投放的資金有多少。

所以當馬雲說淘寶免費三年的時候，不少人都在想淘寶網能堅持多長時間，阿里巴巴需要在淘寶網上倒貼多少資金。

從當時的情形看，淘寶網在收益上的損失非常大，因為淘寶網上一切的使用費用都不收取，所以沒有收益。而易趣在每個月可以從每個用戶手中收到幾十元。雖然如此，那些想要看馬雲慘敗的人都失望了。

2004 年的某項調查報告顯示，易趣所擁有的用戶有 950 萬左右，淘寶網擁有的用戶有 400 萬左右。在成交額方面，易趣達到了 22 億元（人民幣），而淘寶網只有 10 億元（人民幣）。一年後，根據雙方所提供的資料顯示，淘寶網的成交額已經有 40 億元（人民幣）左右，而易趣卻變成了 30 億元（人民幣）。這樣看來，淘寶網已經打敗了易趣。有消息稱，那時在易趣上的不少用戶，因為不想上繳成交費，會在易趣網上找到自己想要購買的商品，然後用淘寶網不收費的支付寶支付，這樣，很多在易趣上做買賣的客戶，都慢慢轉移到淘寶網上了。

現在，回首淘寶網的艱辛之路，人們認為，這絕對離不開馬雲所做的免費策略。馬雲先用十幾億元，讓淘寶網上的使用者在不付出的情況下就獲得

收益，現在看來，這種決策是百分百正確的。

　　現在，幾乎沒有人能想起易趣了。因為淘寶網的出現，人們的生活方式出現了明顯的變化，不少網友即使在沒有消費計畫的時候也會到淘寶上看看是否有打折的商品出現。根據所提供的資料，我們發現，每個在淘寶網上流覽的人，點擊的次數有 16 次左右，在中國所有網站之中，點擊率排名第一。

　　正是因為馬雲捨得先投放資金，先讓客戶賺錢，馬雲才將用戶吸引而來，最終在 2010 年得到了 250 億新臺幣的收益。就像馬雲所說的：「淘寶要真正賺錢，我還是這句話：要開始考慮賺錢的時候，是你幫助人真正賺了錢的時候。」

　　馬雲不僅幫助他人賺錢，還想方設法為他人在賺錢的過程中提高便利。馬雲說：「我們不但不收錢，而且菜比他們的好。如果你的菜不好，免費也沒有人吃 —— 吃了拉肚子怎麼辦？免費只是一個手段，你必須創造出比收費更好的服務、更高的價值，你才有機會贏。」

　　在社會中，很多年輕人在剛剛創業的時候都想要馬上看到很好的結果，是因為他們非常想要很快證明自己的選擇是正確的。這樣一來，他們的眼睛就有局限性，只盯著客戶的錢包。但客戶也不傻，畢竟賺錢不容易，想要他們掏出來一點錢是非常困難的，創業者應該先保證他人賺到錢，自己再去獲得收益。

企業留人，靠信任而非高薪

　　金錢可以買來一個人暫時的興奮，卻不能夠為一個人帶來歸屬感，控制也不能夠獲得一個人永久的服從，只有信任可以產生出神奇的力量，推動員工們產生出對工作和公司的責任感來，加強自我管理，不斷地進行自我激勵，將自己的潛能盡可能發揮出來。

　　企業為員工發放應有的報酬為的是為他們的基本生活做保障，讓他們感受到他們並不是在做無用功。

現實生活中，有很多企業為了留住人才而不惜花費重金，在這些領導人的眼中，「有錢能使鬼推磨」，更別說收買人心了。

可是他們錯了，很多有才能的人同時擁有一顆狂傲不羈的心，他們不會因為「五斗米而折腰」。如果說用高報酬的方式去留住人才，一旦其他公司出的酬金更高，人才就會跳槽，公司還是沒有收穫預想中的收益。

1999～2000 年，馬雲每天坐著飛機飛來飛去，跑遍了幾十個國家，參與全球發達國家的商業論壇，進行瘋狂演講，去各地宣傳自己的 B2B 思想，宣傳阿里巴巴。

每當他到達一個新地方之後，他就會不停地演講，在 BBC 進行直播演講，到麻省理工學院、哈佛大學演講，在「世界經濟論壇」演講，到亞洲商業協會演講。

會場上，馬雲揮動著雙手，他對著臺下的觀眾們大叫：「B2B 模式能夠改變全球幾千萬商人的生意方式，從而改變全球幾十億人的生活！」正是他那慷慨激昂的演講，使得阿里巴巴的點擊率迅速飆升，就連《富比士》也開始關注馬雲和阿里巴巴。

馬雲將歐美名校當成了銷售對象，他的講述越是瘋狂，聽眾就越是痴迷，憑藉著智慧和口才，35 名哈佛 MBA 畢業的高材生投身到了馬雲的企業之中，正是他的智慧、口才為他聚攏了人才。

當然，這些雖然能夠幫助他聚攏人才，但是僅靠此卻並不能留住人才，那要靠什麼呢？

馬雲剛剛創業的時候，身邊聚攏的都是有共同理想的人。1997 年，馬雲帶著 8 個人從杭州轉戰北京，到了 1999 年從北京回到杭州的時候，這 8 個人一個沒少，而且還發展壯大至 18 個人，馬雲是如何留下、發展人才的呢？

很多人可能會說，是不是馬雲給他們支付了高額薪水啊？然而事實並非如此，馬雲的身邊始終有十八羅漢，靠的不是高薪，而是相互信任。

就是他們決定離開北京之後，一起去了趟長城，那時候天氣寒冷，登上

長城之後，有人竟嚎啕大哭起來，問其原因，他回答道：「我們為什麼杭州做得蠻成功的，到了北京，成功以後又要丟棄？」之後他們八個人在長城上立了誓言，他們要一起回去建立一個偉大的公司，因此回憶的時候，永遠都要記得這一幕，記得這個誓言。

每年，馬雲都會和這十八個人一起吃頓飯，有時候甚至不會見面，他們也會爭吵，並且爭吵得很多，可他們之間仍舊相互信任。

只有大家真心相對，互相信任，才能夠齊心協力地做事業，如果每天除了相互猜忌，那麼之間的關係早晚有一天會土崩瓦解。

普遍情況下，一個人在受到信任之後，快樂和滿足感就會隨之產生，能迅速激發全身的熱情，領導者對員工的信任度也就大大升高，在這個過程中，員工會不斷被感動，也會被領導所獲得的成就深深吸引。

那些信任員工的領導者通常都能夠受到員工們誠心誠意的信任，因為人是有感情的動物，每個人都有「投桃報李」，甚至「滴水之恩當湧泉相報」之心。那些漠視領導的信任，同時想要借助領導的信任謀一己私利的人畢竟是少數，領導只有充分信任員工、放手讓員工做自己想做的事情，員工才會產生責任感、自信心，進而發揮出自己的積極性、主動性、創造性。信任是對員工最好的激勵手段，它的作用勝過一切物質獎勵。

對員工的信任就意味著對他們的愛護、支持，尤其是對於那些勇於挑戰新事物，為公司發展做貢獻的員工來說，領導者的信任是最好的催化劑，能夠讓他們的能力百倍千倍地放大，公司就能夠以更加迅猛的速度發展下去！

對待客戶，不可竭澤而漁

一個企業如果真想屹立不倒，就應該先站在客戶的位置上考慮事情，讓客戶真正感覺到自己得到利益了，才能得到客戶手中的錢。

企業在面對客戶的時候，不能目光短淺，只注重眼前的利益。

一個品牌筆記型電腦，生產了一批有瑕疵的產品。該公司高層覺得，若

是把這批有瑕疵的產品拿到工廠修理，成本非常高，所以就沒有管這些殘品，並將他們投放到了市場之中。沒過多長時間，很多銷售者所購買的商品都出現了問題，於是都找售後服務詢問情況。但是由於售後知道是筆記本的品質存在很大的問題，所以在面對消費者時，態度非常好，然而這樣並不能處理好問題。消費者非常生氣，都在網上說這家生產的筆記本問題很大。在不久之後，人們對這家生產的筆記本品牌非常失望，這使得該家生產的其他產品也受到了影響。要知道，在那個品牌眾多的時代，客戶可以挑選的範圍非常廣，在面對客戶時，不能馬虎。如果你讓他們「傷心」了，他們就可以對你視而不見。

在馬雲看來，在這個世界上獲得收益的人有兩類：一類是精明人，另一類則是聰明人。如果你認為精明人和聰明人是同一類人就錯了，精明人總是竭澤而漁，而聰明人卻懂得放水養魚；精明人的收益都是小收益，而聰明人的收益都是大收益。它們之間雖然只有一字不同，但含義相差很多。

2005 年，淘寶網已經經營 3 年了，還有一個月，淘寶網就要開始向客戶收費了，這時淘寶網上的客戶有些慌了，他們想：今後是不是不能在淘寶網上免費做生意了？服務費用會收取多少呢？而經常在淘寶網上購物的人會憂慮：淘寶網一旦徵收費用，其上面的商品是不是就昂貴了？

就在大家萬分恐慌的時候，2005 年 10 月 20 日，淘寶網執行總經理根據阿里巴巴上層的意思，向公眾宣布：原本馬上就要收費的淘寶網，在今後的三年中還會免費！還表明，阿里巴巴會在淘寶網上投入 50 億元，讓淘寶網運營下去。

在宣布此事後，有些記者就針對此事詢問了很多問題，執行總經理所闡述的意思就是從根本上忘記收益，以免擔心交費的用戶產生不滿。在之後的 2005 年到 2011 年內，阿里巴巴在兩個三年中都沒有收費。就這樣，阿里巴巴的用戶又增多了不少。非常有趣的是，在宣布淘寶網繼續不收費三年時，eBay 對此說明了自己的觀點：「免費不是一種商業模式，淘寶網此舉明顯是

一種『價格挑戰』，淘寶網宣布在未來三年內不能對其產品收費，充分說明了eBay在中國發展的強勁態勢。」

　　為了能讓公眾相信自己，eBay易趣還將2005年剛剛出來的第三季度財報公之於眾，說中國規模最大的線上交易社區都在自己的掌管之中。很明顯，這是eBay易趣在向淘寶網挑釁，對此，淘寶網說道：這些資料並不是真實的，eBay財報很久都沒有將自己在中國的銷售資料公之於眾了。

　　在商業之中，口舌之爭是沒有用的，人們透過看市場才能知道誰說的是真實情況。當然，那時的淘寶網真的沒有收益，而且還在其中倒貼錢，但這是一種行銷策略，叫做放水養魚，有利於淘寶網在今後的發展。

　　這種模式吸引到了大量的使用者，而且在和用戶接觸的時候，知道了使用者和市場真正需要什麼，此外，使用者還不需要擔心被騙的問題，使得淘寶網越來越成熟，和中國的C2C市場步調一致。

　　除了這些，在這一過程中，淘寶網還真正清楚了培養用戶流量、消費習慣等重要的問題。

　　而在眾多用戶的眼中，淘寶網今後發展得是好是壞都無所謂，他們真正在意的是自己的網店怎樣才能有巨大的收益。就像一位在淘寶網上的用戶所說的那樣：「網店和實體店肯定是存在差異的，我的商店想要獲得收益，起碼要在經營一年以後，在剛開始一年之中只是進貨的錢，我都沒能力賺回來，甚至說是賠錢的，根本就沒有錢去交淘寶網上的其他費用。而淘寶網並沒有收費用，這一點非常吸引我，我認為還會有越來越多的商家為了這一點在淘寶網上開店。」

　　此外，有專家認為：網購市場所面向的是普通人的消費，免費在網上設店可以使商家的投資成本減少，這樣產品售出的價格也就減少了。淘寶網實行不收費的策略，不管是客戶還是買家，都是非常喜歡的，而這種讓普通人都受到利益的做法，是電子商務正確的發展方向。如果在淘寶網上開店需要交納費用，電子商務發展鏈就不能被帶動起來，當然也不是必須要求永遠免

費，這樣再優秀的企業家也承受不住，它可以透過提供增值服務、廣告宣傳等手段來得到收益，但是想要做到這一點，網上必須要有很多支援網站的客戶群。

令人高興的人，淘寶網在繼續不收費的第二個三年之中，淘寶網在整個廣告平臺阿里巴巴後，只是在廣告方面的收益，就已經使收支狀況達到了平衡狀態，不用再去向淘寶網上的用戶徵收費用了。

如今，淘寶網仍然沒有收會員費，因為支付寶在銀行中的利息就足夠多了。此外，淘寶網還透過淘寶旺鋪、特殊廣告費等方式得到了一筆可觀的收入。

從馬雲和淘寶網的經歷來看，我們不得不說馬雲是一個聰明人，他懂得放水養魚，雖然在前期他倒貼了很多資金，卻給廣大人民造福謀利了，而且在最後，馬雲也得到了很多收益。

為中小企業謀資金，就是在為自己謀利益

中小企業之所以會停止不前，不能發展，主要就是因為融資難。而馬雲和銀行所推出的這個計畫，可以幫助它們突破自己，繼續向前發展。

很多人在小時候就聽過《阿里巴巴和四十大盜》的故事，只要在洞門處喊上一句「芝麻開門」，洞門就會緩緩打開，你就可以看到很多金銀珠寶。當然，這畢竟只是一個傳說。

在 21 世紀，社會上真的有一個滿是金銀珠寶的地方。但是想要開啟這個地方，你所說的不是「芝麻開門」，而是「阿里巴巴」。

在中小企業看來，貸款是一個老生常談的話題。2007 年初，整個世界的經濟增長速度都開始變慢，中國投資非常火熱，而且通貨膨脹也越來越嚴重，對此，中國政府採用了緊縮方法，使得銀行機構的總體信貸供應能力變弱。

2007 年，中國央行存款準備金比率往上升了 15 次，總共有 17.5%；利

息增加了 6 次，一年期貸款基準利率有 7.47%；中小型企業貸款利率差不多都上漲了 30% 至 40%。在這種情況下，中小企業的經營還出現了很多導致成本增多的因素，比如勞動力成本增多、出口稅率變少、資金成本變多、頒布新勞動合同法等。

緊縮和融資需求的情況越來越嚴重，二者在一起非常矛盾。在看到中小企業融資很困難後，阿里巴巴和銀行合作，策劃了一種新的貸款模式 —— 網路聯保貸款，方式為無擔保貸款方式，這在中小企業看來，就是「救命草」。

這種貸款模式所規定的內容是這樣的：不管是不是阿里巴巴的會員，如果你的企業在所屬的行業中五年或五年以上且一年之內都在盈利，且有能力將兩家或更多家企業組成一個聯合體，就具備共同向銀行申請貸款的資格。這項貸款無需擔保，只要聯合體的企業可以一起承擔風險就可以。若是一家企業不能在規定的時間內償還貸款，另外兩家企業就要一起承擔該家企業的貸款本息。此外，需要注意一點，這三家企業之間不可以存在任何關聯，也不存在股權關係，更不能是非三代直系、兩代旁系親屬。

中小企業在申請貸款的時候容易嗎？存不存在特別的地方？我們可以看看用這種方式獲利的企業。

2007 年底，有間公司董事長在得知這一貸款方式後發起了聯保體。在這之前，雖然他對這種貸款方式非常動心，但是認為獲得審批是很麻煩的，就沒有進行此事。之後他和兩個朋友談及此事，他的朋友都感覺很心動。原來他這兩位朋友的企業都不大，沒有能力到銀行進行貸款，但是卻非常需要錢來發展。所以他們就勸說公司和他們一起組成聯保體。但是他並沒有覺得會被審批，在毫不抱希望的情況下交了申請表。

本來，他們三人覺得，到 2008 年，銀行可能才會給出消息。但令他們出乎意料的是，在剛剛交上申請表的幾天後，銀行就給他們致電：一段時間後會到他們的企業考察，考察一通過，貸款就會發放。

在很短的時間內，銀行就命人過來考察他們的企業了，之後，又在最短

的時間內回復了他們：他們的考察沒有問題。在申請表上交的當月底，這三家企業分別得到了不同數額的貸款，貸款額總共有 2,750 萬新臺幣。

園藝裝飾用品有限公司的經理也有這樣的經歷。他的企業有很多的客戶，而且從來不缺少訂單，但就是因為企業沒有那麼大的規模，使得他只能將多餘的單子退掉。他曾經也想過在銀行貸款，但是企業規模有限，沒有實力拿出可以抵押在銀行的物品。

就在沒有辦法的時候，他得知了阿里巴巴與銀行合作，推出了「網路聯保貸款」，於是他感覺企業能得到大規模的發展了。之後他成為了阿里巴巴的會員，並在 2007 年底得到了額度為 450 萬新臺幣的貸款。曾經一直讓他很痛苦的問題，終於解決了。企業發展所需的設備，也在最短的時間內購買完成。

實際上，像上面兩家這樣的中小企業不在少數，他們都透過馬雲和阿里巴巴得到了益處，解決了融資問題。

就像金融專家說的那樣，這種貸款方式很大程度上說明了中小企業的發展，不僅讓中小企業在沒有抵押的狀況下獲得了資金補助，還確保了銀行不會受到高風險的威脅。而且能促使聯合在一起的中小企業互相幫助，共同承擔責任，讓企業一同發展。

這個貸款專案推出後，不僅給中小企業帶來了利益，還給馬雲和阿里巴巴帶來了利益。某公司的領導者說：「我是阿里巴巴網站的『誠信通』會員，初次看到阿里巴巴的報名郵件和提醒傳真，我什麼都沒想就提交申請了。」

在推出這個貸款專案後，馬雲還沒有停止為中小企業尋找資金。2010 年 6 月 8 日，阿里巴巴告知廣大群眾，阿里巴巴小額貸款股份有限公司成立了，客戶如果想要貸款 250 萬新臺幣以下的數額，此公司就可以幫助他們。

從這家公司成立到 2010 年 9 月 30 日，與阿里巴巴合作的銀行就經過該家公司為阿里巴巴的付費會員提供 8,000 筆以上的貸款，所有的貸款數額加在一起在 1,000 億新臺幣以上。

　　正在市場上摸爬滾打的創業者，當你正在發愁如何拓展市場時，可以像馬雲學習一下，推出一種可以讓客戶自動「送上門」的經營模式。但在推出之前，應該考慮，你所推出的模式可以帶給客戶的益處有多少，這和你所獲得的利益是成正比的。如果你把這點做到了，你在市場上就可以屹立不倒。

第十二章
凝聚力量，企業才能經歷風雨

激勵，對於團隊的凝聚來說必不可少

一個企業的經理人，應該能夠有效激勵你的員工，使得你所管理的組織有生氣、有活力。想要讓整個公司獲利、取得成功，單槍匹馬肯定是不行的，應該懂得為員工注入動力，提高他們的工作熱情，進而發揮出團隊的最大優勢。

很多企業，為了讓員工更好地工作，為了提高員工的工作效率，採取各種激勵的方法提高員工的工作熱情，進而發揮團隊的優勢。

馬雲就是這樣一位企業管理人，阿里巴巴人是這樣評價馬雲的：「他好像能讓我們發揮身體的潛能到極限，每次制定目標，都讓我們以『啊』開始，而以『哇』收場。」

制定目標為馬雲激勵員工的重要方法，他為員工們制定出了很多的「不可思議」，到最後他們都成了「不過如此」。

2001 年年底，阿里巴巴制定了下一年度目標，這個目標就是：2002 年只要賺一塊錢！等到 2002 年結算財務時，阿里巴巴確實實現了盈利目標！

2002 年年底，馬雲又制定了一個目標：阿里巴巴全年要盈利 5 億新臺幣！這個時候，開始有人反對這個計畫，可馬雲卻不為所動。2003 年年底財務結算的時候，員工們大吃一驚，因為阿里巴巴真的實現了 5 億新臺幣的盈利計畫。

馬雲的目標越來越火爆，之後，他又計畫 2004 年阿里巴巴實現每天盈利 500 萬新臺幣！這一次，馬雲又征服了員工。

2005 年，馬雲計畫每天繳稅 500 萬新臺幣。阿里巴巴的員工徹底服了馬雲，再也沒有人和他打賭了，因為怎麼賭他都能贏。

事實上，馬雲所下的賭注並非只是敢說、或者敢誇海口，也並非他「腦袋一熱」說出來的，而以科學的財務統計為基礎。馬雲所制定的每一個目標都能夠成為現實，為馬雲日後博得每一位員工的信任奠定了基礎。

在馬雲看來，他並沒有刻意去激勵自己的員工，而是大家覺得馬雲制定

的某個目標可行之後大家都出來贊成，共同奮進，但是目標一年一換，這是員工的目標而非自己的目標。從馬雲口中說出的目標都是他認為切實可行的目標，激勵並不是「天馬行空」瞎說，也不是天天給員工們講述成功學、成功道理等，更不是要求員工們做什麼。

馬雲認為，2001 年的目標「盈利 1 元」是為了讓員工們更明確目標，知道如何去做，每個人多做客戶，服務態度好一些，降低一些成本就可以了。等目標實現之後，到了 2002 年，就要開始下一個目標，賺 2 元就超過了目標的 200%，賺 3 元就超過了目標的 300%⋯⋯他以「賭」的方式激勵員工們為公司切身利益而奮鬥。

曾經，馬雲和公司中的某位業務員打賭，如果那位銷售員的銷售額在 2004 年的時候能夠達到四千萬，同時老客戶續約率達到 80% 以上，那麼馬雲就會請他到世界上他想去的國家度假，但是如果這位員工沒有達到這個目標，就要在杭州最冷的時候脫光衣服跳西湖。

在馬雲這樣的鼓勵條件下，這名員工順利完成全年 4,000 萬元銷售額的業績，被評為「年度銷售冠軍」，但是他在「老客戶續約的保持率達到 80% 以上」這個條件差了 1 個百分點，沒辦法，杭州最冷的時候，他脫光衣服，在阿里巴巴眾多員工的歡呼聲中跳到了西湖中，但是馬雲為了獎勵他，仍舊請他去了他想去的地方度假。試問：哪個員工在這樣的領導的帶領下不願意奮進，不充滿幹勁呢？

每個管理者都希望自己的員工可以為自己「賣命」，希望自己所帶領的團隊團結一心，而員工的潛能、凝聚力如同深埋地下的黃金，只有靠領導人不斷挖掘才能發揮出其價值，才能為公司帶來巨大利潤。

雖然激勵員工的方法很多，但是管理者最好可以利用員工正在追求的目標激勵他，不了解員工需求，用不恰當、不適合的目標激勵他，無異於在做無用功。

而且，不要給員工虛無縹緲的承諾，那樣只會降低你在員工心目之中的

地位，他們對你失去信任之後，你說再多的激勵、鼓舞人心的話也不能讓他們打起精神了。

馬雲曾經說過這樣的話：「少聽成功學講座，真正的成功學是用心感受的。有一天如果你成為了成功者，你講任何話都是對的。」

由此我們也能看出，用實際行動去證明自己對這個團隊的付出，讓每位員工能夠感受到你的允諾，話語之中的價值，他們才能方向一致為了公司的前途而奮鬥！

企業家的成功，離不開肯吃苦的團隊

> 每個人的力量都不是無窮的，而且都存在各自的優缺點，只要這些人團結在一起，互補優缺點，企業才不容易被擊敗。

在荀子的〈勸學篇〉有這樣一句話：「駕馭馬者，非利是也，而致千里；駕舟楫者，非能水也，而絕江河。君子生非異也，善駕於物也。」在生活中，若是能駕馭好事物，就可以達到千里，而若是可以駕馭好員工，就可以創造企業的輝煌。

可想而知，馬雲就是一個懂得如何駕馭員工的企業領導人。

在阿里巴巴剛剛成立的時候，馬雲和其團隊非常艱辛，網站剛剛啟動，收集到的資訊和吸收的會員全部為零。那時，馬雲和其團隊所面臨的非常急迫的問題是：怎樣才能證明這個網站的價值，能夠給客戶帶來收益？慢慢地，網上資訊達到了十條，之後又增多了十條，幾天後，才有了一百多條。經過幾個月的發展後，阿里巴巴網站上一天之中的資訊就達到了好幾百條。資訊出現後，阿里巴巴的員工會審核每一條資訊，最後將可信度較高的資訊放在網上。當資訊多到一定程度後，員工就會在網上歸類這些資訊。

在網站剛剛啟動時，馬雲就告訴員工：「6個月內不見媒體。」就這樣，在6個月之內，阿里巴巴幾乎是在不與外界接觸的情況下運作著。從十幾個人增加到幾十個人，他們在湖畔花園中，夜以繼日，艱苦奮鬥。馬雲對員工

說：「6 個月內，我們要造一艘船，這就是阿里巴巴。還要訓練一支船員隊伍。起航出港後，天氣好我們會跑得很快，但如果碰到狂風暴雨，才發現船造得不牢固，船員隊伍不夠堅強，大家都將隨著這艘船一起沉沒。」

阿里巴巴剛剛建立，馬雲和其團隊付出了很多艱辛。馬雲深知，對於員工而言，加班是常有之事，所以就要求員工的住所一定不能距離公司太遠，最好在步行 5 分鐘後就能到達辦公室，員工們所租住的都是公司周圍最廉價的房子，房子中地上只有一個床墊，牆壁上糊的都是報紙，而這些報紙上的內容都是和 IT 技術有關的。

事實上，馬雲在剛開始聘用他們的時候，就說：「我許諾的是沒有薪水，沒有房子，只有地點，只有一天 12 小時的苦活。」在那時，工作時間是早上九點至晚上九點，每天 12 個小時。若是加班，每天需要工作 16 小時或者更長時間，而加班是家常便飯，特別是在新版發布的時候，加班是必須的。

那時，馬雲和員工們的工作條件和生活條件都非常艱辛。辦公地點是馬雲的家中，每人一個月的收入是兩萬元，這些薪水的錢並不全是馬雲發的，是大家東拼西湊而來。他們還會為了計程車費而爭吵，在寒冷的時候，為了節約電費，他們工作的房間中只開一個暖爐。

如果想從字典中翻出一個能形容阿里巴巴創業者心態的詞，非「瘋狂」莫屬。在那種情況下，沒有人會因為薪水少而抱怨，也沒有人會因為工作占用了自己大量的時間而覺得過分，他們感覺非常快樂。

馬雲之前對其團隊說：「雖然你是股東，但公司也可以不聘請你，如果你業績不佳，也不一定能在管理職位上做下去，當然你可以享受投資回報。」

馬雲的團隊明白馬雲說這話的用意，就是想讓他們不懈怠，盡全力工作，所以，他們在工作上面從不馬虎，努力完成每一個任務。但是團隊之所以努力工作並不是因為擔心被馬雲辭掉。那時的阿里巴巴更像是一個家庭，而馬雲則像一位老師，團隊之間的關係像學生、家人。

　　透過看馬雲和其團隊的經歷，我們可以得知，創業是否能成功，與創業者和其團隊的態度和努力是分不開的。就像馬雲所說的那樣：「我們一定能成功。就算阿里巴巴失敗了，只要這幫人在，想做什麼一定都能成功！」沒錯，在創業時只要有這樣一群團隊在奮鬥，創業就能成功。

　　如果將一個員工比喻成一根筷子，一個團隊就是十幾根甚至幾十根筷子，一根筷子顯然很容易被折斷，而十幾根甚至幾十根筷子是很難被折斷的。所以，創業者想要創業成功，就應該像馬雲那樣，組建一支有價值的團隊！

危機面前，凝聚人心才可安度「嚴冬」

當企業遇到危機時，不應該高高坐起，要求員工如何努力去攻克困難，而是應該將自己置身於困境之中，和員工一起解決問題，只有這樣，創業者才能得到員工的愛戴和尊重，讓員工心甘情願付出，幫助企業創造美好的明天。

　　在社會中，成功的企業家不計其數，對他們的成功經歷進行分析，會發現他們失敗的原因不止一兩種，而成功的原因中存在一個共同點，就是創業者能和員工同甘共苦。

　　在阿里巴巴成立 4 年後，馬雲和其團隊才真正看到了一絲希望。在這之前，2000 年，網路經濟出現了泡沫，正好被他們趕上，在這之後的一年之中，馬雲和其團隊尋找到一個目標，就是成為「最後一個站著的人」。在 2002 年時，阿里巴巴在整個網際網路市場都比較消沉，網際網路公司都不盈利的情況下，賺取了一塊錢。

　　在這之後，馬雲和其團隊想要在網際網路市場大幹一場，這時，卻又遭遇了一場災難，使得馬雲剛剛建立的每天盈利 500 萬新臺幣的目標成為了泡影。

　　阿里巴巴出現了一位被懷疑感染了 SARS 的員工，此事傳開後，整個公

司員工全被隔離了，公司的辦公地點也不能出入了，所有的員工都只能待在家中。

在這件事情發生之後，馬雲需要面對兩個挑戰，第一，在 SARS 時期，電子商務發展得非常好，抓住此機會，企業就能發展起來，但是因為隔離，員工不能正常的工作，雖然那時能透過網路在家中辦公，但是沒有一個企業有過這樣的管理經驗，馬雲也只能在摸索中前進。2003 年，知道隔離消息的阿里巴巴全體高層整理員工的通訊錄，通知電信部門在員工的家中安裝電腦、寬頻等一系列通訊設備，每個人都有信心戰勝病毒。

第二，馬雲需要面對員工家屬的質問，這問題讓馬雲感到相當大的壓力，在這種情況下，馬雲為了不讓人心渙散，特意寫了一封信。收件人是阿里巴巴每個員工的親友，內容是這樣的：

這幾天我的心情很沉重。從上午知道確診後到現在，我一直想給所有的人表示深深的歉意！如果今天有任何事可以交換我們不幸的患病同事的健康，如果今天我們可以做任何事來確保同事的健康，我願意付出一切。

我知道今天任何解釋都毫無意義！畢竟事情已經發生！我為我們的同樣在事發前所做的一切應急預防工作表示遺憾！因為我們的準備工作也許是最好的之一，但由於種種偶然的因素我們還是被 SARS 擊中！而我們的應急方案居然真的派上了用場！

……

這幾天令我感動的是，面對挑戰，所有公司員工選擇了樂觀堅強的態度，我們互相關心、互相支持。在共同面對 SARS 挑戰的同時，我們沒有忘記公司員工的使命和職責！因為災難總會過去，而生活仍將繼續，與災難抗爭並不能阻止我們繼續為自己鍾愛的事業奮鬥！

……

現在我還想向大家宣布一件事：從今晚起阿里巴巴所有員工可能面臨全部隔離！我想為了我們自己，為了家人朋友，也為了阿里巴巴的明

天，我們就過幾天隔離生活吧！

我理解大家現在的心情，真的對不起！影響了大家的生活和工作！養好身體比什麼都重要！請大家認真配合部門的工作！請各位公司員工把此信轉給我們尊敬的親屬、朋友和所有因我們而受到損失的人士！並向他們表示深深的歉意！

……

在危機時刻，馬雲寫了這封信件給公司員工的親屬，透過閱讀這封信，我們能看到馬雲的真誠，這封信就像一針鎮靜劑，不僅穩定了公司員工親屬的不滿情緒，還得到了他們的支持。

一位來自阿里巴巴的員工說：「那個時候沒有人監督，大家都很自覺。早上八點多到了上班時間，大家就都上線，開始工作了，那個時候，每天都會收到很多同事的問候郵件，還有馬總的郵件，大家互相鼓勵。閒暇的時間，我們會在網上聊天，晚上的時候我們經常飆歌，還有很多人把自己做的菜秀在群組上。在一個本應該充滿恐慌的日子裡，我們卻覺得快樂和溫暖。」

透過這位員工的回憶，我們可以得知馬雲在疫情期間將每個員工的心都聚攏到一起了，他們非常團結度過了艱難困苦的歲月。在此期間，阿里巴巴的正常運轉，不但沒有受到影響，還提升了多。由此可見，團隊的凝聚力對企業而言有多重要。

創業者想要創業成功，不得不注意到這一點，要時刻凝聚你所有員工的心。如此一來，在危難時刻，才沒有人臨陣脫逃，大家團結一心，凝聚力量，共同度過危機。

只有團隊快樂，才能創造企業輝煌

一個企業中的員工都盡力工作，這還不能說是一個非常優秀的團隊，只有在努力工作的同時還能得到快樂，才是最優秀的團隊。

這是因為一個人的心情可以直接影響到工作效率和積極性，從而影響到

企業的發展。作為創業者，應該讓員工處於一種快樂的環境中工作。這樣有利於員工對工作充滿熱情，激發創新精神。

在阿里巴巴中，幾乎每個員工的臉上都是掛著笑容的，這個團隊非常快樂。阿里巴巴有一條宗旨，就是：快樂工作，快樂生活。

曾經是阿里巴巴集團的總裁，在剛剛來到阿里巴巴時，他非常驚訝，說道：「這恐怕是中國笑臉最多的一個公司，而且執行能力很強，但我不知道為什麼！」

沒錯，阿里巴巴也許真的是中國笑臉最多的一家公司。如果你來到阿里巴巴，可能會看到這樣的場景：很多銷售人員手中拿著電話，然後快樂地手舞足蹈。

在 2004 年，阿里巴巴成立 5 週年，馬雲為了慶祝這一紀念日，邀請了 2,000 多名員工在一家體育館中舉行慶典。在體育館中，淘寶員工每個人的手中有著淘寶吉祥物的旗幟，在慶典將要結束的時候，員工們手把手，一起唱「不經歷風雨，怎麼見彩虹」。在這之後，員工們到舞廳去跳舞，馬雲也參與到了他們的行列。

阿里巴巴的快樂主要源自馬雲的竭力宣導。馬雲說：「員工第一，客戶第二。沒有他們，就沒有這個網站。也只有他們開心了，我們的客戶才會開心。而客戶們那些鼓勵的言語，鼓勵的話，又會讓他們像發瘋一樣去工作，這也使得我們的網站不斷發展。」

阿里巴巴的員工，不需要受上班時間的限制，只要工作按時完成了，什麼時候上下班都沒有問題。在馬雲的觀念中，給員工一個寬鬆的工作氛圍，能讓員工在工作中保持愉快的心情。

2005 年，在雅虎中國和阿里巴巴大聯歡的晚會上，馬雲打扮成一位維吾爾族女孩，身穿民族舞蹈服裝，臉上罩著面紗，興高采烈地跳著新疆舞，將狂歡晚會帶入到了高潮階段。蔡崇信在那時是阿里巴巴的首席財政官，在平時是一個非常低調的人，那天，他也讓員工們大吃一驚，竟然穿著絲襪跳起

鋼管舞。

　　阿里巴巴的領導身先士卒，必然會給員工們增添歡樂。實際上，在阿里巴巴中，員工們也用放鬆的心態來對待工作。如果某次的交易額在預定目標之上，員工甚至會在部門經理的鼓動下「裸奔」，作為男員工，他們會將上衣脫了，更有甚者，身上只剩下一條內褲。

　　從馬雲和其員工的工作中，我們可以了解到，想要公司的業績越來越好，員工的心情必須要照顧到。阿里巴巴之所以業績連年增高，主要就是因為員工在工作時所具有的輕鬆快樂的心態。所以創業者在創業的過程中，在要求員工努力工作的時候，務必要記住給員工提供一個快樂輕鬆的工作氛圍。

用情感維繫人心，打造有競爭力的團隊

> 作為企業的領導人，只有維持好和員工之間的關係，得到他們的擁護，才能將他們的熱情激發出來，從而用心工作。

　　馬雲曾經說過：「一個成功的創業者，要有三個因素：眼光、胸懷和實力。」

　　寬容和豁達展現著一個的氣質，那是一種高貴的修養、可貴的品格。我們要在這個世界生存，就一定會和別人打交道，打交道的過程中難免會遇到不順心的事情，在這個時候，我們一定要用寬容、豁達之心來平衡人際關係。

　　懂得寬容、豁達的人，對人和事物都有著包容、接納之心，精神、心靈日趨成熟，懂得寬容的人，在包容別人的同時能快樂自己。

　　馬雲小時候就是位心胸豁達的人，他曾多次為朋友兩肋插刀，所以馬雲的交友範圍非常廣，因此他創業時，那些曾經受過他幫助的同學也紛紛趕來幫助他。

　　馬雲絕對可以稱得上是一個熱心腸的人，遇到不平之事，他絕對不會坐

視不管。

在大學期間，馬雲是學院學生會主席，常常幫助他人。一次，班級上有一個同學因為犯了小錯誤就失去了研究生考試的資格，而馬雲和該同學的關係只能說是普通，但是馬雲為他感到可惜，因為該學生的成績非常好。若是他沒有參加研究生考試的資格，就只能回到自己的家鄉了，前途也就葬送了。

於是，馬雲就找班主任說情，經過兩天時間的說勸，馬雲終於說服成功。最後，那位同學獲得了研究生考試資格。

在 10 年後，馬雲在深圳闖蕩。一天，有一個人突然出現在馬雲的面前，激動地握住馬雲的手，對他說：「我聽老同學說你到了深圳，所以專門從廣州趕來看你。」馬雲不知所措，仔細一看，才知道此人是自己當年幫助獲得考研資格，並最終考上研究生的那位同學。那時這位同學在一個很出名的公司中任總經理一職。

每當馬雲想起自己那些真誠的朋友時，他就越發覺得真摯情感的可貴。他說：「雖然也有被出賣的傷痛，但一顆善良寬容的心，總能交上真誠的朋友。現在不一定什麼時間，突然沒來由地會有一個朋友打電話過來：『喂，馬雲，現在怎麼樣？沒什麼大不了的，有事我們幫你扛著！』」

因為馬雲有一顆樂於助人、善良的心，所以，無論是他在上學期間，還是當教師期間，都讓他交到了很多今後能夠共同經歷風雨的朋友。

在這些朋友之中，不僅有他的同事、學生，還有在夜校等地方結識的商人。在多年之後，不管馬雲是帶著團隊去北京，還是返回杭州創業，總是有些朋友與馬雲相隨。在很多年之後，馬雲用自豪的語氣在電視臺說：「天下沒有人能挖走我的團隊！」馬雲敢對著全國人民說出這樣堅決的話，是有充足底氣的。而這底氣，就是那些一直陪伴他打「天下」的好學生、好同事、好夥伴。

兩個陌生人，如果想讓彼此之間的關係在最快的時間內拉近，就必須用

心去交流，用心去相處，抓住對方的心和情感。這樣雙方才能坦誠相待，互相幫助。經營企業也需要用情感去維繫員工的關係，就像馬雲那樣，用善良去對待每一個人，這樣員工才會愛戴領導，用心工作。

在用善良對待員工時，領導人應該清楚一點，你的善良不是只用來收買人心的，必須要真誠、坦誠，讓員工真正感受到領導對他們的愛，只有這樣，企業才能發展得越來越好。

在發展的過程中，總有人會離開

> 員工跳槽肯定會給企業帶來一定的損失，而且還會擾亂其他員工的心，所以企業應該想方設法留住員工，特別是工作非常優秀的員工，我們留住的不只是員工的人，還有他的心。

在社會上，不管是多麼優秀的企業，也不能阻止員工的離開。若是有員工想要跳槽到自己喜歡的企業之中，你想留下他是非常困難的，這是因為每個人的志向都不相同，一個企業不可能做到將一個人永遠控制住，員工是自由的，他可以選擇自己更喜歡的企業。

馬雲有一個非常團結的團隊，他們的凝聚力和競爭力都非常強，而且還在吸納一些新的人才加入，但是即使再優秀的團隊也不能永遠保持穩定的狀態。

馬雲的團隊並不是穩定的，每天都會有員工選擇離開。

一次，馬雲參加了節目訪問，主持人一點都沒有留情面給馬雲，在談到馬雲的團隊時，直接問馬雲：「在團隊當中有這樣不離不棄的情感，但是當年的不離不棄今天怎麼樣了呢？這個事實寫在我們的另外一塊板子上。來，我們看一下。在這塊板子上，我們看到，40% 的老員工現在離開了公司。」

馬雲面對這樣的提問不但沒有感覺尷尬，還很坦然地說：「有可能，事實上也是。不離開才奇怪。熬過了冬天的時候我們當時犯了一個很大的錯誤，一有錢，我們跟任何人都一樣，我們得請高管。我們得請世界五百強的

副總裁，我們請了一大堆人包括諮詢師，講起來全對，做起來全錯。你都不知道誰錯了，反正總是我們錯。所以我後來講過，就像一個飛機引擎，波音747 的引擎裝在牽引機上面，牽引機沒飛起來，反而四分五裂了。我如果當時不採取動作，可能我們公司的今天就沒了。所以我們請了很多高管，五百強中前一百名幾乎請進來，後面也有百分之三十，或百分之四十。在最痛苦的時候，2002 年、2003 年開始建立銷售團隊，我們銷售團隊的影響力很高的。」

後來，主持人又問馬雲為什麼他們會選擇離開，馬雲回答說：「我覺得有很多原因，第一，我們的文化很強；第二，我們並不像別人想像的那麼好，因為這是一個只有 5 年歷史的公司，尤其是 2004 年以後，我越來越擔心很多年輕人加入我們公司會影響到公司利益，他們充滿了理想主義，還有另外一個，我想我們的管理團隊領導力有問題⋯⋯但如果說哪個公司告訴我在發展的 5 年以內，可以發展到兩千名員工，平均年齡 26 歲，經歷過網際網路的高潮、低潮然後再站起來，然後又能夠在全世界 200 個國家和地區發展，有 700 萬家的網商使用你的產品。你說沒有人能掉隊，就是打死我也不相信。現在我們公司的特點，20% 的優秀員工，70% 是普通員工，還有 10% 每年是一定要離開的。」

馬雲說得很有道理，員工不可能永遠伴著企業成長發展，總有人會堅持不下去，會掉隊離開。對待這樣的員工，企業應該怎樣做呢？回答是盡量挽留優秀的員工。想要做到這一點，領導人應該分析人才為何跳槽，然後再有針對性地挽留人才。

那麼，人才為何會跳槽呢？主要有以下幾點原因：

1. **為了高薪水**：大多數員工跳槽的原因都是因為想要追求更高的薪水。若是員工感覺每個月的薪水不能讓自己的家庭衣食無憂，或是不能將自己的價值反映出來，就會感覺薪水太低，最終提出辭職。面對這種情況，

沒有很好的解決方法，特別是那些覺得其他企業所付的薪水已經很高時，即使企業給員工加薪水，員工也會毅然辭職。

2. **追求人性化的企業**：有些企業總想讓員工變成自己的「奴隸」，他們希望員工可以不分晝夜工作，很多員工在完成自己分內的工作外，還要包攬其他工作，時間長了，員工就會產生厭惡心理，提出辭職。

3. **為了平等的待遇**：透過調查發現，有一部分人才之所以跳槽，並不是因為薪水低，而是感覺到不公平待遇。企業的管理者在對待員工時，一定要根據每個人的業績情況公平發放薪水。否則，就會降低員工工作的積極度，還會導致人員流失。比如，劉小姐在大學畢業後在一家出版社工作，薪水和待遇都非常好，但是最近她卻提出了辭職申請。她的老闆和她相約在咖啡館中聊天。小劉說出了離職的原因，她說公司中的員工很多，但是有些人忙的昏天暗地，有些人卻悠閒自在，但是他們的待遇和薪水相差無幾，她覺得非常不公平。

4. **為了讓自己的才識得到肯定**：剛剛踏出校門參加工作的學生，如果不對其進行強而有力的管理，好好培養，讓他們感受到壓力，很快他們就會辭職。但是他們年輕有為，潛力不可估量，是公司的「小太陽」，而且他們已經掌握了公司的業務，若是他們辭職了，就會給公司造成損失。

如果領導不想讓這種情況發生，在新員工到來時，就應該好好地培養他們，訓練他們，讓他們做自己能做好的或是超過自身能力的工作。

賺錢很重要，分享更重要

創業者想讓員工團結一心，只為自己的企業而奮鬥，首先應該做的就是不「吝嗇」，將企業所獲得的財富和員工一起分享，讓員工真正感受到企業的好，這樣員工才能不遺餘力地為企業而努力工作。

在社會中，有很多人在成功後，都想方設法將財富收藏起來，但是，這樣的做法是非常愚蠢的。古人有云：得人心者得天下，馬雲將這句話闡述的

淋漓盡致。馬雲總是將自己獲得的財富拿來和阿里巴巴的員工分享，讓每個員工都將阿里巴巴的事業視為自己一生的事業而拼搏。

當和馬雲談及阿里巴巴員工的待遇時，馬雲經常這樣說：「每一個值得信賴的員工，我都會對他說，阿里巴巴絕對不能保證你會在這裡賺多少錢，可以肯定的是你會在這裡得到很多的磨難和辛苦。」雖然馬雲口上這樣說，但是實際上它所做的並不是這樣。

在馬雲剛開始創業的時候，就提倡「發展為了員工，發展依靠員工，發展成果和員工分享」。阿里巴巴在上海上市後，當著攝影機的面，馬雲說這次公司上市最根本的原因就是為了回饋員工，按照公司上市的相關規定，給員工利益回報。在公眾面前，他說：「我沒想過要用控股的方式控制公司，也不想自己一個人去控制別人。這樣其他股東和員工才更有信心和幹勁，我需要把公司股權分散，管理和控制一家公司是靠智慧的。」

阿里巴巴在上市的時候，差不多有 4,900 位員工的手中都有股份，總共加起來有 4.435 億股，平均下來，每個員工中的股份為 9.05 股，依照上市前每個員工手中股份的比例計算，阿里巴巴在上市後，也許會出現差不多千百名百萬富翁。在這之前，百度在上市後，使得 8 個人擁有了億萬財富，50 個人擁有了千萬財富，240 個人擁有了百萬財富，而阿里巴巴在上市後所帶給員工的利益遠遠高於百度，這就是馬雲想要實現的「財富分享」。

那麼，究竟什麼是財富分享呢？實際上它所指的就是透過薪水、獎金、福利等方式和員工一起分享企業獲得的收益。某資深學者認為，馬雲實現了「讓天下沒有難做的生意」的目標，因為他建立的網站，使得很多人擁有了小財富，阿里巴巴的上市又讓其員工擁有了小財富，而馬雲所擁有的只是一個比小財富略高一些的財富，但馬雲這樣做，使得員工對其十分愛戴，每個員工的心都緊緊地團結在一起，為阿里巴巴的明天奮鬥。不僅如此，馬雲所付出的「大愛」，還讓阿里巴巴、雅虎中國、淘寶網等都有了快速的發展。

從馬雲的「大愛」中，我們可以受到啟迪：將一個公司打理好，用鐵

棒是完全行不通的，必須用智慧，並與員工分享財富，這樣才能推動企業向前。

　　口中說說「分享財富」是一件非常簡單的事情，但是真正做到的人並不多，分享，是一種成功的境界，更是智慧的昇華，企業領導人如果能夠做到這一點，何須擔心員工凝聚力不足？

賺錢雖好，但並非第一要務

　　一個人快樂並不是因為擁有了多少金錢，而是計較的東西少了，即便是億萬富翁，也會有不快樂的時候，哪怕是乞丐，也有其快樂時光。

　　世界上有錢人很多，但是開心、快樂在絕大多數時候和錢沒有關係。

　　不管一個人生活得快樂與否，和金錢之間的關係都不大，因此不要將賺錢放在首位。對於馬雲來說，更是如此，在他的字典裡，賺錢很好，但並不是首要任務。

　　馬雲說，自己所處的那個年代，接受的是理想主義，學校向學生們傳授的東西也都非常單純、幼稚。尤其是在現在，馬雲更是認為：人生是一個過程，它不是一個目的，所以經歷過多少，犯過多少錯誤，這才是最寶貴的。

　　馬雲比其他 CEO 強的地方就是他不為錢而活，不為錢而做事，永遠沒有把錢作為公司第一目標。

　　在他看來，說出的事情就要做到，即使結果你賺了很多錢，但是這個結果也並非當初所追尋的目標，如果一個人的腦子裡想的只有錢，能夠吸引他目光的只有錢，講出的話也離不開錢，不會有人願意和這樣的人做生意的。

　　很多人在心中為成功人士定了位，認為有錢就是成功，將金錢視為衡量一個人能否成功的標準。

　　事實上，成功的標準有很多，人生的追求、成功的方式種類繁多，最成功的人不一定就是最能賺錢的人，反之，能賺錢的人也不一定非常成功，不能將賺錢當成人生唯一目標。

無論你做什麼事情，腦子中都不能帶著功利心，這樣的人是永遠都不能將自己的客戶放在第一位的。

很多從事商業的人都在經商的過程中被利益蒙蔽，想盡一切辦法從別人的口袋中攫取利益，結果沒有人敢再相信你，為什麼不想辦法幫助別人創造財富呢？

幫助別人的口袋升值，等到別人獲得的利益足夠多的時候，就一定會願意給你一部分，如果你想賺客戶的錢，就必須說服客戶賺錢，這樣的生意才能做得長久。

做普通的工作也是如此，僅僅為了賺錢嗎？為了賺錢就做令自己厭惡的事情？這樣只會讓自己逐漸厭惡生活。做一些讓自己覺得有趣的事情，可能收穫的金錢比較少，但收穫的樂趣要多得多，你所獲得的快樂也會多很多。

在馬雲看來，如果一個人把錢看得太重，往往是難成大事的。這樣的人每天晚上都會想很多生財之道，到了白天還會走原路，在這種狀態下，怎麼能做好一件事，一份工作？這樣的人不但不會快樂，也會失去讓他們以為能夠帶給自己快樂的金錢。

想賺錢，就不要把錢看的那麼重

一個人老是想著賺錢，掉進錢眼裡就會被金錢套牢。心被金錢遮蔽，成事就沒有那麼容易了。

馬雲雖然是中國的富人，但他卻有著正確的財富觀，對金錢有著正確的理解。在馬雲看來，不管做任何事情都不能有功利心。一個人如果老是想著錢，就會被金錢套牢，心被金錢所蒙蔽，成功就沒那麼重要了。

馬雲根據自身經驗說過這樣一句話：「我一直以來的理念，就是賺錢的人必須看清錢，如果你腦子裡總是想著錢的話，一定不可能賺到錢。」他的親身經歷也驗證了這句話。

馬雲畢業之後就在當英文及國際講師，實際上，馬雲在師範學院的 6 年

之中每天想的問題就是如何不當老師，他認為老師的薪水不高，但是如果就這樣離開學院內心愧疚。於是，馬雲心情矛盾地走上教師崗位，並且成為師範學院畢業生中唯一在大學中教書的學生。

之後，他當英文教師和國際貿易講師，很多人讚揚他是學校中的驕傲，校長說希望他能任教 5 年以上，因為在校長看來，馬雲不能踏實教書，跳槽後就不會再到大學教書了，校長的話讓馬雲在那兒待了 6 年，每月薪水僅一萬新臺幣。

當時外界的機會非常多，深圳給他 15,000 多新臺幣薪水，海南給他 28,000 多新臺幣薪水，但是他仍然信守承諾，堅守自己教師位置，還被評為全校最好的 10 位老師之一。

馬雲教書的時候，一直在教導學生們最有效的方法，並且在西湖邊建立了英文角，當時那個英文角非常有名，很多人慕名來上課，其中有個望湖賓館的副經理最後成為馬雲的學生，現在已經是馬雲的得力助手了。

馬雲夫人張瑛是馬雲在杭州電子工學院的同事，最後成為馬雲人生伴侶和工作夥伴。阿里巴巴中的另一個創始人彭蕾是馬雲在杭州電子工學院的朋友兼同事，馬雲在杭州電子工業學院當老師的過程為之後阿里巴巴奠定了基礎。

當老師的那段時間，馬雲學會了如何平靜面對金錢，瀟灑看人生，也正是因此才獲得今天的成就。

馬雲今天所獲得的成就與他對金錢的態度有著非常大的關係。可能有人會說，有錢的人當然會將金錢看得比較輕。

實際上，我們在此提到的不能將金錢看重並不是說一點都不在乎金錢，而是不能沉迷於金錢。馬雲就是如此，他重視金錢，但卻並未沉迷於金錢。馬雲成功致富的經歷告訴我們：想要獲得財富，就一定要用正確的態度對待金錢。

做企業有生意人、商人、企業家之分：生意人就是那種為了利益什麼都

肯做的人，一切都以錢為中心，為了錢什麼都可以做；商人重利輕義，但並不會為了錢什麼都做，他們有所為有所不為；企業家帶著使命實現某種社會價值，改變社會。

這三種人的三種不同態度決定著他們今後的發展。只顧利益的生意人的生意是做不大的；有選擇利益的商人可以做大生意；而企業家可以將一個或很多行業做得非常出色，走出國門，走向世界！

大錢小錢都是錢，別將一塊錢不當錢

那些真正富有的人非常重視節儉，奢侈浪費的人，即使他的收入再多，總有一天也會變成窮人。

在現實生活中，人們若是丟了 100 元新臺幣，肯定會傷心一會，而若是丟了一塊錢就完全不當一回事。在他們的眼中，小錢根本就沒有價值，所以他們不會珍惜小錢。但大錢都是透過小錢一點點累積而來，如果隨便丟棄小錢，大錢從何而來？

馬雲就是一個懂得節儉的人，他注重每一筆小錢。

馬雲在剛剛創業的時候，阿里巴巴沒有充足的資金，創業的錢是大家砸鍋賣鐵、東湊西湊來的。所以那時對節儉非常重視。可以說在剛創業時，阿里巴巴就養成了勤儉節約的好習慣。

現在買輛車並不是件困難的事情，但是在那時，馬雲和其員工「叫車」都是一件很奢侈的事。馬雲每次出去辦事如果沒有特殊情況，對於距離不是太遠的目的地，馬雲都會選擇步行。

在節儉的問題上，現任阿里小微金融服務集團 CEO 彭蕾絕對有發言權，那時，她在公司所擔任的職位是出納員，只要是花錢的事情都由她負責。

在為公司購置辦公用品時，她總是裡用業餘時間去逛街，看了一家又一家，即使是再便宜的東西，她都會貨比三家，價比五家。如果性價比不達標，她就會果斷走開，直到尋找到一個性價比更高的貨物為止。之後阿里巴

巴推出了淘寶，同事們調侃道：「這個名字就是受彭大管家愛『淘』東西的習慣啟發才想出來的。」

現在，阿里巴巴已經和往日不同了，然而節儉的傳統仍然沒有被遺棄。

進入阿里巴巴後，你就會從很多小細節上看出馬雲和其員工的節儉習慣。在阿里巴巴的二層辦公室門口有一臺影印機，上面有一個儲蓄罐，上面貼著一張紙寫著：個人因私複印每張 1 元新臺幣，請自覺投幣；公司內部文件要雙面用，多於 150 份要外包交由前臺處理等。

我們知道，阿里巴巴早就實現了每天贏利 500 萬新臺幣的目標，但是阿里巴巴的辦公場所很多都位於國民住宅，對此，馬雲是這樣說的：「就目前的情況來說，我們並不缺錢，而我們大多數分公司的辦公地點，卻都在國民住宅里。不要說在福州，就是在北京、紐約、我們都有能力租當地最好的辦公地點，可我們沒有，為什麼？我們要讓所有的員工知道，你來，就是做大公司，把分公司搬到當地最高級的辦公大樓！」

透過以上所敘說的一系列事情，我們可以得知不管是馬雲，還是阿里巴巴的員工，他們都有著很好的節儉習慣，能節約的絕不浪費。

先賺小錢，慢慢再賺大錢

想成大事，一定要先從小事做起，要知道一個連小事都做不成的人是沒有資本讓人相信他能做成什麼大事的。

很多人，不屑「賺小錢」的機會，但又沒有「賺大錢」的能力，這就是「高不成低不就」的表現。想要成為一個可以「賺大錢」的人，就不能不屑於「小錢」，要明白，一個連小事都做不好、小錢都賺不來的人怎麼可能做得了大事，賺得了大錢？

縱觀歷史，哪個政治家不是從小職員做起？哪個公司的領導者不是從底層做起？

2002 年 4 月，網際網路行業正處於低谷，但是馬雲卻對外稱：「2002 年，

阿里巴巴要盈利 1 元新臺幣；2003 年，要盈利 5 億新臺幣；2004 年，每天利潤 500 萬新臺幣。」馬雲有這樣的信心，是因為他已經找出了阿里巴巴的盈利模式。

緊接著，阿里巴巴提供具體資料，上面顯示出：除了付費中國供應商和誠信通會員，阿里巴巴上面有 1,000 萬家免費海外商戶，480 萬家中國商戶。到了 2001 年，阿里巴巴出口的產品總值達到了 100 億美元，其中的很多企業出口額都超出千萬美元。

2002 年時，馬雲正在為阿里巴巴探路，當時馬雲說了這樣的話：「當這麼多人都能透過阿里巴巴賺錢時，阿里巴巴也應該賺些小錢。」賺小錢策略對於公司來說是個開始，從逐漸賺小錢到慢慢賺大錢的過程。當時有人問馬雲阿里巴巴會不會上市，馬雲給予的回答是：「阿里巴巴至少得將年利潤做到 50 億新臺幣才會上市。」

從馬雲的經商過程中我們能夠看出一個道理：想賺大錢，要從小錢賺起。在多數人看來，用小錢賺大錢的過程實在是太難了，在如今這個多變的市場之中，只有敢於下大本錢才可以賺大錢的思想早就過時了，如果我們不能掌握市場風雲中的變幻，即使傾囊下注也不一定可以賺到錢，很可能會血本無歸。

做生意不能總想著空手套白狼，應該有滾雪球的精神，雪球越滾越大，盈利才會越來越多。

用小錢賺大錢的方法有很多，但歸結起來不過是兩點：一是動腦想辦法；二是利用一切可利用的條件。雖然這兩件事操作起來都有一定的困難，但是只要我們努力去實踐，憑藉自己的智慧找竅門，就一定能夠賺到大錢，因為很多商人的成功利用的都是這個方法。

對於一個創業者來說，賺錢不過是個結果，而並非一個目的。世界上很多他們認為自己非常聰明，認為可以透過最簡單的方法去發大財，而越是這樣的人，就越是發不了財。

馬雲創造了阿里巴巴，而他又在阿里巴巴這個平臺上發揮出了自己的實力，周圍的人都扮演著他助手的角色，而他，在這個舞臺上彰顯著自己！

留住人才，有時候得「下血本」

只有那些能夠慧眼識才、禮讓賢才的領導才能夠在市場競爭的過程中將自己的企業立於不敗之地。

企業想發展，就必須有足夠的人才做基礎，那人才從哪來？培養，以及原有人才留在公司、其他公司菁英的跳槽等。

企業離不開人才，反過來，人才也離不開公司，應該學會用正確的方法去對待人才，得人才心者得企業發展。

馬雲認為，我們應該學習無私奉獻的精神，也應該鼓勵員工學習，為公司、企業無私奉獻，但是不能讓員工穿著補丁上街。有「伯樂識馬」的眼力還不行，必要的時候還要敢「下血本」，不惜重金從同行，以及各個方面聘請賢才，真正做到付出和收獲成正比。

在馬雲看來，如果想做大企業，領導者就要講話實在，注重細節。優秀的 CEO 他們所講的一切都要符合實際。由此，馬雲對阿里巴巴的 CEO 提出了一個建議：目標明確，明白自己想要什麼，更要明白自己的員工想要什麼。

作為一個企業領導者，光有熱情、有幽默感是不夠的，最重要的是務實，在成功時應該和他們一起分享成功的果實，懂得如何留住人才，對於企業的發展來說至關重要。

阿里巴巴和其他企業競爭的時候，競爭的優勢就是人才，所以馬雲得出的結論就是：企業任用賢才，就要為賢才提供豐腴的物質保障。

靠感情、事業拉攏關係不是不行，但是物質是一種實在的東西，少了物質，也很難讓人相信你的承諾。尤其是當今社會，多數人所扮演的角色並不真實，人與人之間的信任度也不是很高，很可能你掏心掏肺的話語被別人看成虛情假意，透過物質留人更直接、有效。

自古以來就有「人才要厚祿，大功要重賞」之說，如今，這一點已經在很多公司得到了有效運用。員工們積極工作，科研創新，為企業創造鉅額資產；如果某個員工的發明創造為企業帶來了巨大的經濟效益；如果某個員工的推銷能力非常強，能夠將新產品推向市場，獲得巨大利益，領導者一定不能虧待上述員工，應重重獎賞他們。

現實生活中，很多領導者都有著不同程度的吝嗇。有功無賞，員工會認為領導忽視了他的能力，再做事的時候就會不那麼努力了；但是如果為公司、企業立了大功卻僅僅給予不對稱的小獎賞，不如不獎，員工心中的不公平感會更強烈。

因為這些領導者不吝嗇，他們能夠及時對員工所做出的努力予以肯定，以提高員工工作的積極度，使得員工的工作態度更加認真。

明天的我，你高攀不起 —— 馬雲：

擁抱夢想，不畏騙子、瘋子、狂人稱號，他用網路顛覆中國經濟，創造出阿里巴巴帝國

作　　　者：徐博年，周雲煒

發 行 人：黃振庭

出 版 者：崧燁文化事業有限公司

發 行 者：崧燁文化事業有限公司

E-mail：sonbookservice@gmail.com

粉 絲 頁：https://www.facebook.com/
　　　　　sonbookss/

網　　　址：https://sonbook.net/

地　　　址：台北市中正區重慶南路一段六十一號八
　　　　　樓 815 室

Rm. 815, 8F., No.61, Sec. 1, Chongqing S. Rd.,
Zhongzheng Dist., Taipei City 100, Taiwan

電　　　話：(02)2370-3310

傳　　　真：(02) 2388-1990

印　　　刷：京峯彩色印刷有限公司（京峰數位）

律師顧問：廣華律師事務所 張珮琦律師

定　　　價：320 元

發行日期：2022 年 11 月第一版

◎本書以 POD 印製

國家圖書館出版品預行編目資料

明天的我，你高攀不起——馬雲：
擁抱夢想，不畏騙子、瘋子、狂人
稱號，他用網路顛覆中國經濟，創
造出阿里巴巴帝國 / 徐博年，周雲
煒 著 . -- 第一版 . -- 臺北市：崧燁
文化事業有限公司 , 2022.11
　　面；　公分
POD 版
ISBN 978-626-332-835-8(平裝)
1.CST: 馬雲 2.CST: 企業家 3.CST:
傳記 4.CST: 中國
782.887　111016625

電子書購買

臉書